世界五千年
科技故事丛书

卢嘉锡题

世界五千年科技故事丛书

世界发明之王

爱迪生的故事

丛书主编　管成学　赵骥民

编著　于　元

吉林出版集团｜吉林科学技术出版社

图书在版编目（CIP）数据

世界发明之王：爱迪生的故事 / 管成学，赵骥民主编.
-- 长春：吉林科学技术出版社，2012.10（2022.1 重印）
ISBN 978-7-5384-6093-3

Ⅰ.①世… Ⅱ.①管… ②赵… Ⅲ.①爱迪生，T.A.（1847～1931）
－生平事迹－通俗读物 Ⅳ.①K837.126.1-49

中国版本图书馆CIP数据核字（2012）第156237号

世界发明之王：爱迪生的故事

主　　编　管成学　赵骥民
出 版 人　宛　霞
选题策划　张瑛琳
责任编辑　朱　萌
封面设计　新华智品
制　　版　长春美印图文设计有限公司
开　　本　640mm×960mm　1 / 16
字　　数　100千字
印　　张　7.5
版　　次　2012年10月第1版
印　　次　2022年1月第4次印刷

出　　版　吉林出版集团
　　　　　吉林科学技术出版社
发　　行　吉林科学技术出版社
地　　址　长春市净月区福祉大路 5788 号
邮　　编　130118
发行部电话 / 传真　0431-81629529　81629530　81629531
　　　　　　　　　　81629532　81629533　81629534
储运部电话　0431-86059116
编辑部电话　0431-81629518
网　　址　www.jlstp.net
印　　刷　北京一鑫印务有限责任公司

书　　号　ISBN 978-7-5384-6093-3
定　　价　33.00元
如有印装质量问题可寄出版社调换
版权所有　翻印必究　举报电话：0431-81629508

序　言

十一届全国人大副委员长、中国科学院前院长、两院院士

路甬祥

　　放眼21世纪，科学技术将以无法想象的速度迅猛发展，知识经济将全面崛起，国际竞争与合作将出现前所未有的激烈和广泛局面。在严峻的挑战面前，中华民族靠什么屹立于世界民族之林？靠人才，靠德、智、体、能、美全面发展的一代新人。今天的中小学生届时将要肩负起民族强盛的历史使命。为此，我们的知识界、出版界都应责无旁贷地多为他们提供丰富的精神养料。现在，一套大型的向广大青少年传播世界科学技术史知识的科普读物《世

界五千年科技故事丛书》出版面世了。

由中国科学院自然科学研究所、清华大学科技史暨古文献研究所、中国中医研究院医史文献研究所和温州师范学院、吉林省科普作家协会的同志们共同撰写的这套丛书，以世界五千年科学技术史为经，以各时代杰出的科技精英的科技创新活动作纬，勾画了世界科技发展的生动图景。作者着力于科学性与可读性相结合，思想性与趣味性相结合，历史性与时代性相结合，通过故事来讲述科学发现的真实历史条件和科学工作的艰苦性。本书中介绍了科学家们独立思考、敢于怀疑、勇于创新、百折不挠、求真务实的科学精神和他们在工作生活中宝贵的协作、友爱、宽容的人文精神。使青少年读者从科学家的故事中感受科学大师们的智慧、科学的思维方法和实验方法，受到有益的思想启迪。从有关人类重大科技活动的故事中，引起对人类社会发展重大问题的密切关注，全面地理解科学，树立正确的科学观，在知识经济时代理智地对待科学、对待社会、对待人生。阅读这套丛书是对课本的很好补充，是进行素质教育的理想读物。

读史使人明智。在历史的长河中，中华民族曾经创造了灿烂的科技文明，明代以前我国的科技一直处于世界领先地位，涌现出张衡、张仲景、祖冲之、僧一行、沈括、郭守敬、李时珍、徐光启、宋应星这样一批具有世界影响的科学家，而在近现代，中国具有世界级影响的科学家并不多，与我们这个有着13亿人口的泱泱大国并不相称，与世界先进科技水平相比较，在总体上我国的科技水平还存在着较大差距。当今世界各国都把科学技术视为推动社会发展的巨大动力，把培养科技创新人才当做提高创新能力的战略方针。我国也不失时机地确立了科技兴国战略，确立了全面实施素质教育，提高全民素质，培养适应21世纪需要的创新人才的战略决策。党的十六大又提出要形成全民学习、终身学习的学习型社会，形成比较完善的科技和文化创新体系。要全面建设小康社会，加快推进社会主义现代化建设，我们需要一代具有创新精神的人才，需要更多更伟大的科学家和工程技术人才。我真诚地希望这套丛书能激发青少年爱祖国、爱科学的热情，树立起献身科技事业的信念，努力拼搏，勇攀高峰，争当新世纪的优秀科技创新人才。

目 录

目 录

火的威力

一年之计在于春。

一年一度的春天又来到了米兰小镇。

这天，春风和煦，晴空万里。小阿尔的父亲一大清早就和村民们一道赶着牲口到田里耕地去了。

小鸟也喜欢勤劳的人们，迎着他们唱着婉转动听的歌子。

人们一到了田里，就投入了紧张的劳动。

天上的云彩虽然美丽，可是它不打粮食；地上的泥土虽不华艳，但它能长出好庄稼。

春耕深一寸，等于多上一遍粪。

为了多打粮食，小阿尔的父亲和村民们一样，挥汗如雨，忘我地劳动着。

忽然，邻家的乔治大叔喊道：

"不好，村里起火了！"

小阿尔的父亲抬起头来向村里一望，只见村里浓烟滚滚，火焰冲天。他急忙放下耕犁，向村里跑去。

村民看见村中火光，也都丢下牲口，纷纷向村里跑去。

到了村里，人们才发现是小阿尔家的牲口棚失火了。

小阿尔的父亲不顾一切的汲水救火，村民们也都赶来帮忙。但是，春风无情，火势越来越旺，终于把牲口棚烧光了。

村民们都过来安慰小阿尔的父亲，表示愿意帮助他重盖一座牲口棚。

小阿尔的父亲神情沮丧，一边道谢，一边想：好端端的一座大棚子，怎么无缘无故就失火了呢？

其实，这场大火起得不是无缘无故，而是有缘有故。

原来，这场大火是小阿尔放的。

小阿尔全名叫汤姆斯·阿尔瓦·爱迪生（Thomas Alva Edison，1847—1931）。小阿尔排行第七，是全家最小的孩子。这年，小阿尔才六岁。他虽然年纪小，但长着一颗硕大的头颅和一双又大又亮的眼睛。人们都很喜欢他，都亲切地叫他"小阿尔"。

小阿尔从小爱动脑筋，好奇心极强，一双大眼睛什么都不放过，遇事总要研究研究。

这次，他为了实验火的威力，竟亲手点燃了父亲的牲口棚。

当父亲和村民们救火时，他正爬上大树细心地观察着大火，直到牲口棚烧光为止。

这场大火虽然给家中造成了一些损失，但正是这个好奇心极强的小阿尔，日后成了"世界发明之王"，不但给家庭，也给美国和全世界创造了极大的财富。

好奇心极强的孩子

爱迪生的好奇心并不是从六岁才开始的。在他母亲的影响下，从一懂事开始，爱迪生就对周围的一切事物具有极大的好奇心。

1847年2月11日，爱迪生出生在美国俄亥俄州的米兰。

米兰是个小镇。镇边有个小山，山上有座简陋的房子。爱迪生的家就住在山上。山村风景优美，四面环绕着郁郁葱葱的树木，山下有平坦广阔的田野。一条弯弯曲曲的河流像飘带一样在田野中蜿蜒流过，发出潺潺的流水声。日光照在河面上，金光万道。

爱迪生的祖父是荷兰人。为了探索世界的奥秘，追求人生的幸福，他漂洋过海来到美洲定居。

爱迪生的父亲是个勤快的农民。他为人忠厚、老实、慈祥、宽和，遇事愿意帮助别人，在村民中人缘很好。

爱迪生的母亲头脑灵活，聪明过人，渴求知识，婚前曾当过乡村教师。

在这样的家庭环境中，耳濡目染，言传身教，爱迪生继承了父母的优良品质。爱迪生不但人品好，而且对什么事都有强烈的好奇心。

法国人布洛说：

"现代科学是好奇心的女儿，而好奇心永远是科学的推动力。"

正因为爱迪生从小具有好奇心，所以才终于成了一名伟大的科学家。

爱迪生小时候，总喜欢跑到山下的河边去玩。河边上有盛开着的紫罗兰和野菊花，令人陶醉。爱迪生经常徘徊其间，乐而忘返。

四岁那年，一天，爱迪生在河边玩着玩着，忽然发现灌木丛中有个野蜂窝。

他想：这是什么东西呢？奇形怪状的，里面一定有什么奥秘吧？

他对着野蜂窝望了一会儿，心里越来越痒，兴趣越来越浓，他要弄个明白。

于是，他情不自禁地在地上拾起一根树枝，走到灌木丛前，伸手去捅野蜂窝。

这时，只听"轰"的一声，野蜂倾巢而出，扑向爱迪生。

顷刻间，爱迪生被野蜂蜇得满脸红肿，逃回家中。

母亲见心爱的小儿子被野蜂蜇的眼睛都快睁不开了，

又是心疼又是敷药，并告诫说：

"阿尔，以后不许乱跑了！"

在母亲的精心护理下，爱迪生的脸渐渐消肿了。

一天，爱迪生实在忍不住了，好奇心驱使他又一个人跑到了山下的河边。

母亲怕他出事，跟踪而至。

爱迪生看见了母亲，急得不知所措，忙用双手遮住面孔，以为这样就可以逃过母亲的眼睛了。

母亲见他这个样子，忍不住笑了。她抱起爱迪生，亲了又亲。

爱迪生说：

"妈妈，我不会再捅野蜂窝了！"

母亲放心地说：

"那就好，那就好！"

从此，爱迪生又可以到处玩耍了。

山下的河边，有座很大的造船厂。厂里有很多工匠，整天在那里挥着斧头造船。

爱迪生经常到厂里去玩，很快和工匠们交上了朋友。工匠们都很喜欢他。他瞪大了眼睛看着他们造船壳，很佩服他们。

每次到了造船厂，爱迪生总问个没完：

"大叔，刨花为什么会卷成圆圈呢？"

"老伯伯，船上钉了那么多铁钉，为什么不会沉到水里去呢？"

……

爱迪生的脑子里充满了问题，往往问得工匠们无法作答，好问也是好奇心的一种表现。

法国戏剧大师巴尔扎克说：

"问号是开启任何一门科学的钥匙。"

英国人富勒也说：

"不问一个为什么，什么东西也学不到。"

爱迪生的脑子里自幼就充满了问号，为任何事物都要问个问什么。

爱迪生不但在外面好问，在家里也一样好问。他经常向父亲问长问短：

"爸爸，远处的东西，为什么看上去觉得小？"

父亲回答不上来，只得说：

"东西近看觉得大，远看当然就觉得小了。"

爱迪生又问：

"那么，为什么东西近看觉得大呢？"

父亲说：

"……这我可不知道了。"

爱迪生好奇的入了迷，眼睁睁地望着父亲，刨根问底道：

"不知道？为什么不知道呢？"

父亲只得说：

"都怪我没读过书，什么也不知道。"

爱迪生说：

"爸爸，送我去读书吧！"

父亲说：

"你现在还小，不到读书的年龄。"

从这时起，爱迪生总盼着自己快长大，快点去读书。有不懂的问题，好去问老师。

一天，爱迪生在后院玩，看见母鸡正在孵蛋，又产生了好奇心。

他问母亲道：

"妈妈，母鸡为什么趴在鸡蛋上？"

母亲说：

"正在孵小鸡。"

爱迪生问：

"为什么要孵？"

母亲说：

"蛋要孵过了才会变成小鸡的。"

爱迪生听了，眨了眨眼睛，心想：母鸡可以孵小鸡，大概我也可以孵吧？

一天，刚吃过早饭，爱迪生便失踪了，到晌午还不见他的影子。

母亲很焦急，四下寻找，山上山下，河畔船厂，到处都找遍了，也没找到。直到傍晚，才发现他在后院的鸡舍旁，小心翼翼地趴在一堆鸡蛋上，一动也不动。

母亲问道：

"阿尔，你在干什么？"

爱迪生回答说：

"我想亲自试一试小鸡是怎样孵出来的。"

父亲听了，哭笑不得。

母亲说：

"你居然饿着肚子，从早到晚'孵'了一天，也该休息了。快去吃饭吧！"

母亲说完，就抱起了爱迪生。

爱迪生从小就这样好奇，这样执著。后来，这成了爱迪生一生事业成功的重要因素。

三个月的学历

人生并非天成，全在于教育。

母亲见爱迪生求知心切，是个可造之才，便想送他上学读书。

爱迪生七岁那年，全家移居到了密歇根州的休伦埠。

来到休伦埠以后，父亲在北郊格拉提奥炮台租了所房子。此时，爱迪生的父亲山墨尔改行经营粮食买卖。他看见这地方山明水秀，风景优美，趁着做买卖余下的时间，用木头在晒台上搭起一座瞭望塔。这塔高一百米，有转梯直通塔顶。登高一望，四周景色尽在眼底。爱迪生站在塔上，举着一副老式望远镜，看着起伏的丛林，含烟吐雾，一片葱翠；望望镜平的湖面，船影纵横，波光闪闪，煞是好看。他乐得成天待在上面，不肯下来。山墨尔见儿子这么喜爱，决定把照管瞭望塔的任务交给他，说：

"孩子，咱们这座塔要对外开放啦。你来当小管理员，谁要上去浏览，就向他收参观费两毛五分钱。"

开始，上去参观的人很少，整整一个夏天，总共才收三块钱。可是却让孩子饱了眼福。他老是独个儿待在塔顶上，欣赏那早晚的彩霞，雨后的霓虹，还有那休伦湖上变幻无穷的迷人景色。他常常看得入了迷，连饭都记不得吃了。后来，休伦埠修了铁路，参观人数才骤然大增，一向冷落的瞭望塔总算热闹了起来。

休伦湖边有所小学，是当地唯一的一所小学。迁居的第二年，山墨尔送爱迪生进了这所小学。

父亲为爱迪生买了一个新书包，母亲为爱迪生缝制了一套新衣帽。

上学的前一天，爱迪生激动的半宿未能入睡。他倒在床上兴奋不已，心想：这下好了，以后有什么问题可以请教老师了。

次日早晨，爱迪生随父亲早早就来到了学校。学校静悄悄地，一个人也没有。等了半天，更夫才打开校门。这时，老师和学生才陆续到校。

父亲为儿子办了入学手续。爱迪生喜滋滋地走进了一年级老师面前的第一排座位里。

老师已经秃顶了，又矮又胖，手里拿着一把戒尺。爱迪生望了望老师，心想：老师这么大年纪了，一定很有学问。

上课后，爱迪生聚精会神地听老师讲课。老师讲完后，就让学生背诵。爱迪生头脑聪明，老师讲过的一切他都能背下来。但有的学生却背错了，也有的学生根本背不下来。对于这些学生，老师不是用戒尺打手心，就是用手揪他们的耳朵，再不就是罚站。对于这些，爱迪生觉得很恐怖。

放学后，爱迪生回到家里。母亲见他闷闷不乐，问道：

"阿尔，出了什么事？"

爱迪生摇了摇头，回答说：

"没出什么事，只是老师太粗暴了。"

母亲问道：

"是不是你惹老师生气了？"

爱迪生拉着母亲的手说：

"妈妈，我不想上学了！"

母亲问道：

"为什么？"

爱迪生说：

"老师讲课讲得枯燥无味，光让学生死记硬背。背不下来就打，我害怕。"

母亲抱起了爱迪生。爱抚地说：

"要想学到知识更新，就不能胆小。"

就这样，爱迪生遵从母亲的嘱咐，每天仍然到学校去读书。为了弄懂所学的课程，爱迪生不懂就问，经常刨根问底，弄得老师狼狈不堪。

一天，老师讲加法。刚讲完，爱迪生就站起来问道：

"老师，二加二为什么等于四？"

老师回答不上来，脸涨得通红。后来，老师脸胀的像猪肝一样，终于忍不住了，大骂道：

"爱迪生，你什么都不懂，真是个低能儿，根本不是读书的材料！"

母亲听说此事后，立即为爱迪生办了退学手续。她曾经当过老师，富有教学经验。她最了解儿子，知道儿子并不低能，而是老师无能。她想：像儿子这样高智能的孩子，与其送到师资平庸的学校去读书，还不如留在家里由自己来教育。

于是，爱迪生的学校生活便结束了。他一生的正式学历只有这三个月。

母亲兼老师

人们常说："母亲是孩子的天然老师。"又说："母亲是孩子未来命运的创造者。"这两句话用在爱迪生母子身上是最恰当不过的了。

爱迪生退学后，母亲成了他的老师。母亲南希平时留心观察爱迪生，知道他根本不是低能儿，而是世上少有的天才。因此，她决定用全部精力教育爱迪生，要把他培养成对世界有巨大贡献的人。

退学后，母亲问爱迪生说：

"老师说你是低能儿，你不觉得羞耻吗？"

爱迪生说：

"我不觉得羞耻，我只觉得遗憾。"

母亲不解地问：

"有什么遗憾呢？"

爱迪生解释说：

"我要知道的事，老师一点也不教我；我已经知道的事，老师却偏偏要教我。这太令人遗憾了。"

母亲听了，不禁笑起来：小小的孩子，说话竟像大人似的。接着，母亲严肃地说：

"你说得很对。老师说你是低能儿，妈可不这样想。从明天起，妈教你读书。妈已经下了决心，一定要把你培养好，让你的天才全发挥出来，成为世界第一流人物。你有信心吗？"

爱迪生说：

"妈妈，我有信心。"

母亲问道：

"阿尔，你敢发誓吗？"

爱迪生眼睛一亮，用坚定的口气说：

"妈妈，我愿发这个誓。我将来一定要做一番大事业，让现在说我是低能儿的老师听了大吃一惊。"

母亲听了，搂紧了爱迪生。爱迪生的一生成就，在这个时候就已经决定了。俗语说："小挫之后，反有大获。"

志在太空遨游的雄鹰，才能振翅高飞；具有远大理想的人才能奋发有为。爱迪生退学之后，在母亲的激励和引导下，树立了远大的志向。这对爱迪生日后成为世界发明之王具有决定性作用。母亲性情温和，极有耐心；又循循善诱，富有教学经验。爱迪生在母亲的教导下，就像禾苗得到了雨露的滋润。

　　母亲先教爱迪生学习英语和算术，接着又教他物理和化学，并且常用讲故事和提问题等方式提高他的学习兴趣。同样的课本，秃顶老师讲得味同嚼蜡，枯燥无味；而母亲讲得引人入胜，妙趣横生。爱迪生在学习上因而进步极快。两年之后，原来的同班同学还在跟着老师学"小猫"、"小狗"之类的词语，而爱迪生已经开始阅读《英国史》、《罗马兴亡记》、《大英百科全书》了。

　　母亲发现孩子对物理、化学特别喜欢，便上街买了本《派克科学读本》给他。这书在当时是本很有名的著作，专讲物理和化学上的实验，有简明扼要的说明，有详详细细的插图。爱迪生也真是心灵手巧，他照着书本，自个儿琢磨着，把上面讲的道理，一条条搬下来亲手实验。只要能试的，非试成了才罢休。

　　试呀试的，那股劲头别提多大了。没有多久，光照书本实验已经嫌不过瘾了，于是便向外发展，别出心裁地去找一些对象来试验。有一天，他读到富兰克林在电学方面的发现，便去弄来两只大雄猫，用一根铜丝把两条猫尾巴一拴，使足力气在猫脊梁上狠命揉搓，想搞摩擦生电的实验。不料，大雄猫不肯合作，看到有人向它进犯，不管三七二十一，背一弓，呼呀呼呀的，又吹胡子又瞪眼。摩擦生电没试成，反倒被两只大雄猫抓了两把。

　　还有一次，爱迪生不知从哪里看到了气球飞升的原理，觉得很有意思，也想照样试试。可是怎么个试法呢？

他托着下巴颏儿寻思起来。左寻思，右寻思，猛然醒悟："有了！气球能飞上天，是因为满肚子都是气。要是用点什么药，叫人的肚子里也装它一下子气，那不就……"

他一阵风似的奔出去，把奥池找到家来，又小跑着去取了一包沸腾散（一种泻药。爱迪生不懂，认为沸腾了就能冒气），倒好一大杯开水，这才郑重其事，一板一眼地说：

"奥池，你想飞起来吗？如果想飞，我有办法让你飞。"

奥池是邻居家的孩子，平时常跟他一起玩儿，看他搞个实验什么的，挺有办法，心里很佩服他，也很听他的话。这回听说有办法让他飞，先是心里一动，跟着又不免有点疑惑，瞪着眼睛，问：

"我又没长翅膀，哪能飞呢？"

爱迪生打开那包沸腾散，左手拿着，右手端起倒好的那杯水，满怀信心。

"这能行吗？"奥池还是有点犹豫不决。可他到底拗不过自己的好奇心，更招架不住爱迪生那副很有把握的神态。他圆睁着眼睛迟疑了一会儿，接过茶杯，张开大嘴，先倒沸腾散，再喝上几口水，伸长脖子咕嘟咕嘟地吞了下去。

爱迪生看他把药喝了，心里像揣了窝小兔子，扑通扑通，相当紧张。没多大工夫，奥池肚子里咕咕作响，愁眉苦脸地坐立不安起来。爱迪生赶忙走上一步，按住他，悄声安慰说：

"别着急！怕是药性发作，在冒气啦。"

往常，只要爱迪生一开腔，奥池就竖起耳朵听，可是此时，他已经丧失了自我控制的能力。只见他脸色由红转黄，由黄转白，嘴皮抽搐着，五官都挪了位置。身子不但没有往上飞，反倒比原先矮了半截。他两手死命地捂着肚子，疼得直不起腰来了。

最后，还是母亲跑来结束了这次"实验"：请医生给奥池治病，还向他父母千赔罪万道歉。母亲对儿子说：

"你真是瞎胡闹，我的笨儿子！以后不许你再做什么实验了！"一听不许做实验，爱迪生"哇"的一声哭了："妈妈，我以后再也不做危险的事，惹您生气了。"他抽抽搭搭地央求："您不让我做实验，我怎么去研究学问，将来做一番事业呢？"

母亲的心软了，她把儿子搂在怀里，亲昵的叮嘱说：

"做实验可以，可是千万不能瞎闹腾啊！"

爱迪生立刻破涕为笑，连连点头答应母亲的要求。

实验范围逐渐扩大，用的化学药品也日渐增多，瓶瓶罐罐，搞了一大堆。爱迪生真会动脑筋，他在地窖的一个角落里开辟了个小天地，又当"仓库"，又当"实验室"。别的孩子，或是到树林里逮个鸟儿，或是上河边钓个鱼儿，每天总要在外面溜达溜达，玩上一阵子。可他却成天守在地窖实验室里，捧着书本，跟那些瓶瓶罐罐打交道。

火车上的实验室

　　爱迪生暂时放弃了使人升天的幻想。不久，他读到法拉第的故事，对电学产生了浓厚的兴趣，实验的种类也多起来了。一些药品和设备，有的是在破烂堆里捡的，有的是攒下母亲给的零用钱买的。可是，实验越搞越多，需要越来越大，捡破烂能捡多少？家里日子过得窘迫，又有几许零用钱给他花？爱迪生面对这种新情况，又要动脑筋了。

　　有一天，镇上忽然热闹非常，他看见一条乌黑铮亮的长龙，爬到自己脚跟前。啊！火车！他早在盼这么一天了。心里怎能不高兴？而更高兴的，是他那些怀之已久的希望，琢磨了又琢磨的打算，都可以立刻实现。

　　爱迪生一想到自己的计划，身上热烘烘的，也没心思瞧热闹了，抬起腿往家跑。他想把自己的打算告诉父母。

父母听说十二岁的孩子要自己外出挣钱，到火车上去卖报，心上皱起疙瘩，很是为难。父亲扬起下巴，思忖了好一会，才慢悠悠地说：

"我经营的粮食买卖也不算赖，凑合着够一家子吃用的，你急着去挣钱干什么？"

母亲更是顾虑重重，抚摸着孩子的头说：

"孩子，可不能那么想呀！你小小年纪，正是万丈高楼打根基的时候，得多往功课上用心才是正道。"爱迪生听母亲为他的功课担心，理由更加充足了：

"我一面卖报纸，一面可以免费看报，赚下的钱，又能补贴家用，又能买化学药品搞实验。到了底特律，我还可以到图书馆去看书……"

母亲见他决心已定，无奈只好随他去了。

第二天，天刚一放亮，爱迪生胡乱吃了点早饭，背上预备好的大篮子，跳蹦到母亲面前，兴冲冲地说：

"妈妈，我走啦。"

说完，掉头就往外奔。母亲一把拉住他，给他拉拉衣服，理理头发，把帽子戴好，又拿块面包塞进他的口袋里，说：

"孩子，在火车上要格外小心。上上下下，要等车站稳了。到了吃饭的时候，吃好吃歹，总得把肚子吃饱。晚上火车一到站，早点回家……"

说着说着，鼻子酸得不行，说不下去了。

　　爱迪生心里火急，生怕误了点，嘴上应着：

　　"我知道了，妈妈！"

　　两条腿已经向门外跑去。

　　火车站上，一片热闹景象。嘈杂的声音像休伦湖上掀起的风浪，一股劲涌上来。铁栏杆外面，有卖面包的，卖水果的，卖烟的，你叫我喊。

　　7点整，开往底特律的客货混合列车，呼哧呼哧驶出了车站。爱迪生站在车上，但见那站台、平地、房舍、树林、田野、河流，由慢到快，纷纷落向车后，胸口好似开了两扇天窗，说不出的舒畅。猛地，车身一震荡，他没站住脚，趔趄了两步，差点倒在身边的大篮子里。这下他才想起自己的营生，赶忙背起大篮子，一路吆喝着，在车厢里兜揽起生意来：

　　"谁要大苹果，又香又脆的花生仁儿！"

　　旅客当中，什么人都有：做工的，种庄稼的，跑买卖的，教书的，当兵的；有花白胡子的老大爷，也有赖在妈妈怀里直吵直闹的小姑娘。他们各有各的爱好，这个拿苹果，那个抓花生仁儿，忙得爱迪生简直应付不过来。三个钟头的路程，好像眨眼工夫就到了。

　　火车一到站，爱迪生头一个跳下来，伸直脖子就往人群里钻。他把脑袋伸到人们腋下，三拱两拱，像泥鳅拱沙，拱出了底特律火车站。

　　他先问路到报馆批了报，跟着打听底特律青年协会图书馆的地址，跑去把手续办好，领了张阅览证，拣个靠窗的座位，埋头看起书来。

转眼间，不知不觉心里有点发慌，肚子也叽里咕噜直叫唤。他想："怎么，该吃饭了？"四下一瞧，偌大一个阅览室只有他一个人在看书，柜台上那个管理员，也在饭后休息，一摇一晃的打盹儿。他站起身，装着要小便的架势，跑到厕所里，偷偷把母亲塞给他的面包啃了个精光。然后，悄悄用袖口擦擦嘴，又对着镜子照照，觉得不像吃过东西的样子，这才抬腿走出来，回到座位上继续看书。

直到晚上六点半，那班回程的混合列车，喘着粗气驶出底特律车站的时候，客车车厢里，又响起爱迪生响亮的叫卖声：

"看报，看《底特律自由报》！""谁要大苹果，又香又脆的花生仁儿！"

三个钟头以后，混合列车抵达休伦埠。爱迪生到大街上把剩下的报纸卖完，抬头一看，月亮在云彩缝里露了下笑脸，洒下一条白茫茫的光带。深夜的雾更浓了，远处钟声当当，正是11点。他踩着月光往回走，影影绰绰，好像有个人影儿站在自己家门前，定睛一看，禁不住一个冲锋跑上去，扑在那人怀里，狂喜地喊道：

"妈妈！"

他每天到火车上去卖报纸和糖果，起早摸黑，相当劳累，可是他善于抓紧一切机会学习。火车每次到达终点站底特律要停几个小时，爱迪生就利用这段时间，跑到公共图书馆去看书。晚上火车开回休伦埠，他回家吃完晚饭，就一头钻进地窖做实验。后来，为了节省时间，他索性把实验室搬上了列车。按说这是违反规章的，只是爱迪生为人憨厚，又很勤快，乘务员和车上的旅客都很喜欢他，老车长也就默许了。每天的报纸和糖果一卖完，爱迪生就乐滋滋地躲进行李车里，做他的实验。

当时，美国围绕解放黑奴问题，爆发了南北战争。战争从1861年开始，进行了四年。爱迪生在列车上卖报这段时间，正是战争的高潮。革命的北军粉碎了南方奴隶主反动武装的进攻，在东西两线战场节节胜利。战争的进程成了举国上下的头号新闻，报纸十分畅销。十五岁的爱迪生看到这种情况，灵机一动，声称自己要发行一份快报，专门刊登战场消息。大家听说以后，谁也不相信，都以为爱迪生是说着玩的。办一份报纸多么不容易啊！当时要开一家小报馆，从主编、编辑、记者直到印刷、校对和发行，起码得有二三十人才行，另外，还有经费来源和纸张供应等一系列问题要解决。爱迪生小小年纪，要单枪匹马办报纸，而且是铅印的快报，这岂不是有点异想天开吗？过了几天，他用卖报攒下的钱，买了一台旧印刷机和一套铅字，"爱迪生印刷厂"就算落成了。印报的设备有了，消息来源还没有着落。他就利用到底特律图书馆的机会，抄录各地报纸上的战地报道，按战场和时间进行编辑。经过一番紧张的准备以后，爱迪生接连忙了三个通宵，他自编、自排、自校、自印的第一期快报终于问世了。

这一天，只见一个笑容满面的高个儿少年，手里抱着一大卷新印出来的报纸，在车厢里高声叫卖：

"快报！快报！关于战事最新进展的快报！"

旅客们围上来，你一张，我一张，争着购买，几百份报纸不一会儿就卖光了。报纸的名字叫《先锋快报》，上面印着发行人、出版者、总编辑、记者的名字，一律都是"爱迪生"。满车的读者，谁也没有想到爱迪生就是眼前这个报童。由于爱迪生尽心采访和编辑，报上除了战地新闻意外，还有铁路沿线各站的趣闻、行情、广告和剧目等，很受旅客欢迎。爱迪生旗开得胜，大受鼓舞，特地找了两个伙伴当助手，第二期的发行量扩大了一倍。

不论办报、卖报怎样劳累，爱迪生的实验从没有中断过。他白天是新闻家，晚上却成了实验家。行李车厢的一角，就是他的实验室和编辑部。

一天，前线传来了北军在新奥尔良胜利会师的捷报。那时还没有无线电广播和电话。传递消息的最快方式，是莫尔斯发明的电报。电报传到底特律，全城一片欢腾，但是火车沿线的群众还不知道。当时的报纸没有"号外"。机灵的爱迪生征得车长和司机的同意，立刻在火车车厢两边，用大字刷出新奥尔良大捷的新闻，下面注明这条特别消息刊登在《先锋快报》上。结果，火车开到哪，哪里就欢腾起来。爱迪生利用车厢发号外获得巨大的成功，他的快报也名声远扬，销路越来越好。不但乘火车的旅客争着买，火车经过的每个站，都有许多人等在月台上，专门来买《先锋快报》。这件事，使爱迪生深深体会到电报的优越性。他对电子技术的强烈兴趣，就是从这里开始的。

正当爱迪生工作得很顺利的时候，不幸遭到一场大火。有一天，列车刚开出休伦埠不久，因为路轨不平，火车震动得太厉害，车上实验室有个盛放磷的瓶子从桌上滚下来，摔碎了。磷本来是浸在水里的，一遇到空气，马上就燃烧起来。行李车里顿时黑烟滚滚，火苗蹿起老高。爱迪生脱下外衣，一面扑打，一面呼救。等大家起来把火扑灭，行李车里的东西都已经烧的差不多了。爱迪生的"编辑部"、"印刷厂"和"实验室"全都烧掉了。怒气冲冲的乘警赶来，不容分说，迎面就给爱迪生几记耳光。爱迪生跌倒在铁轨旁边，只觉得"嗡"的一声，右耳由于耳膜被震破再也听不到声音了，成了终身残疾。

真是"天有不测风云，人有旦夕祸福"。爱迪生几年的心血一下子全毁了，加上右耳也聋了，他伤心到了极点。他望着渐渐远去的列车，咬着嘴唇，泪水夺眶而出。

小小电报员

　　爱迪生遇到这样严重的挫折和打击，并没有一蹶不振。在失败的痛苦中，爱迪生心里生起一线光明，这就是对电报的憧憬。在火车上办快报的经验，给这个农村孩子一个重要的启示。千里以外的消息，只要按动电键，眨眼工夫就可以传到目的地，这实在是太神奇了！他决定改弦易辙，去学电报。

　　爱迪生灰溜溜地踏上了返回家乡的路途。当他快走到家门口的时候，突然看见母亲怀着急切的心情，正在门前等他。爱迪生心中的委屈和痛苦，顿时烟消云散了。他回到母亲的怀抱，浑身又有了无穷的力量。

　　母亲重新替爱迪生开辟了实验场所。为了防止意外，新实验室设在阁楼顶上，地窖里只堆放器材和杂物。从此，爱迪生每日清早出去，在火车上做买卖，到图书馆里看书。夜晚回家来，就在小阁楼上编报搞实验，日子过得顺顺当当，颇有兴味。

这个阳光明媚、和风宜人的早晨。克勒门斯山站台上熙熙攘攘，旅客们三个一堆，五个一伙，说着话儿，等着列车卸货。爱迪生也乘此机会，在人群中挤来挤去，尖着嗓子，叫卖他的《先锋快报》。

不远处，混合列车喷着浓烟，喘着气，像是非常吃力地开着，开着。突然，只听得当的一声，一节火车脱卸下来，轰隆隆沿着岔道跑得飞快。

这时恰好有个三四岁的小男孩儿，蹲在铁轨上用碎石垒房子玩。小家伙埋着头，两只小手来回舞动，正垒在兴头上，根本不知道后面有节货车在向他弛来。

金色的阳光从云端筛下一缕缕金线，洒在站台上，叫人眼花缭乱。旅客们有的抽烟谈笑，有的眯起眼睛看报，谁也没有注意站台下面的事情。爱迪生的耳朵不太管事，可是眼睛很尖。他腋下挟着一叠报纸，手上另外拿着几份，正在叫卖。猛然望见那节货车，如脱缰般的野马向小男孩儿冲去，两下已经相隔不远了。

爱迪生身子一震，喊了一声：

"啊呀！"胳膊一抬，手儿一扬，将报纸统统甩掉，迈开大步飞也似的蹦下站台，向前奔去。

旅客们听到喊声，纵眼看时，爱迪生已经冲到小男孩儿跟前。那节货车，在两个孩子后面，越发显得高大凶险，仿佛是个满身黑毛的大怪物，张着乌森森的大口，径直向他们扑去，眼看着要把他们吞没。众人被惊得目瞪口呆，都为这两条小生命的安全捏了一把汗。

在这万分危急的时刻，爱迪生却一点也不慌张。他抢到小男孩儿身旁，气不出，眼不眨，弯腰抱起那个孩子，抬腿就往回窜。没跑出几步远，只觉得脑后呼呼生风，扭头一看，那节货车已经狂风也似地从身边掠过去了。

站台上的人们，瞧见爱迪生自己不过是个孩子，却能见义勇为奋不顾身，都以敬慕眼光看着他，暗地里议论起来。

一个老大爷跷着大拇指说：

"好样的！好样的！救人一命，功德无量啊。这孩子日后一定有出息。"

一个拿着《先锋快报》的人说：

"瞧！这报是他编的。斯斯文文、不声不响的孩子，想不到会有这么大的胆量。"

一个军官模样的人说：

"我就喜欢这样的人，平时不吭不哈，有力气使在节骨眼上。"

……

说话间，从人堆里跳出一个人来。旅客中有人叫道：

"麦肯基站长来了！麦肯基站长来了！"

麦肯基身材高大，二十六七岁年纪。他是克勒门斯山站的站长，也是一个出色的报务员。他跟爱迪生虽说没打过一次招呼，可是长久以来，一个坐在屋里收报发报，一个趴在窗户外面悄悄观看，互相之间早就留下了相当深刻的印象。

原来，自从爱迪生对电报发生兴趣以后，便又动起脑筋来。他听说麦肯基站长是电报行家，于是，只要列车在克勒门斯山一停下来，他便跑到麦肯基那儿，偷偷往窗户上一趴，看人家发报收报。看完回来，就独自琢磨；琢磨好了，就低头照干。有卡壳的地方，第二天再去看。

为了试验电报，父亲还跟儿子闹了一场小别扭。结果是老头子反叫儿子给制服了。

有一天，列车回到休伦埠已是9:30了。爱迪生卖完报回到家里，通常总在11点左右，再要摆弄电报，时间就更晚了。父亲死板得很，他不管你电报不电报，规定11:30都得上床睡觉，谁也不准例外！爱迪生哪肯让这条不成文的规定约束住呢？他知道父亲已经养成习惯，每天带回家的剩余报纸，他总要抽点时间看。爱迪生眉头一皱，计上心来：你要看报纸，我就有办法了。

他收集了许多绑烟囱用的铜丝，在树上架设起一条线。这条线约莫有0.8千米长，从他家直通到跟他一起搞电报实验的克兰西家里。那天，他按着计划，把没卖完的报纸，先送给小伙伴克兰西。然后回到家里，若无其事地把大篮子往老地方一放。父亲一声不吭走过去想找报看，可是翻了半天也没有找到，就问：

"报呢？"

爱迪生耸了耸肩膀，说：

"今天有重要新闻，看报的人特别多，全卖光啦。"

说着，看着父亲，见他的样子很失望，赶忙补充道：

"克兰西家订有一份，爸爸要是想看，我能叫他把报上的新闻，用报警电报一条条拍过来。"

父亲捞不到看，已经觉得是个欠缺，听说有重要新闻，更想先睹为快，便说：

"好！试试看吧。你那个电报管用不？"

爱迪生就在等这句话哩。

"管用，保管管用！"他一面保证，一面发出讯号，通知对方马上开始行动。于是，土造的电报机立时工作起来，克兰西在电报那头发报，爱迪生在电线这头收报。长短不一的嗒嗒声，在夜深人静时显得格外清脆悦耳。

这一天，爷俩直搞到深夜1点才休息。第二天弄得还要晚。第三天虽说没有推迟，可也不能提前。父亲心里暗自高兴：小家伙弄一样会一样，搞的玩意真管用，活灵活现的，真像那么回事儿。

今天，麦肯基正在票房里工作，一个职工跑来报告说，他的小儿子杰美，眼看要叫火车碾成肉酱，喊他赶快去救。他慌忙跟着那人跑出来，只见站台上黑压压人山人海，围得水泄不通。他仗着个儿高，踮起脚老远一望，正赶上爱迪生抱起杰美回头飞跑的惊险场面。那颗心不由擂鼓似的通通直跳，额角上沁出黄豆般大汗珠儿。等他跑过来，拨开人群再看时，爱迪生已经抱着杰美来到站台上。

麦肯基急步向前，接过杰美抱在怀里。他激动地伸出一只大手，抓住爱迪生的一只小手哆嗦着紧握了好半晌，才颤着声儿连连说：

"你救了我的孩子！你救了我的孩子！谢谢你，谢谢你。"

为了报答救命之恩，麦肯基又向爱迪生表示，愿意尽平生所学，义务地将电报术传授给他。爱迪生一听，乐得合不拢嘴。当下两人约定：白天，爱迪生还是自管自做买卖。夜里，火车回头路过克勒门斯山时，就到麦肯基那儿去学习。晚饭也在他家吃，睡也在他家睡，学习时间暂定三个月。

商议停当，麦肯基笑着说：

"好！咱们一言为定。你回去安排安排吧，我等着你。"

站台上铃声响亮，绿旗飘扬，汽笛一声吼叫，火车开动了。爱迪生跳上车门踏板，走进车厢，回身向麦肯基告别，心里还在重复他刚才说的那句话：

"回去安排安排吧，我等着你。"

爱迪生打定主意，决心要当报务员。他把经营的买卖适当地收缩一部分，不久又将自办的报纸停了刊，专心致志地跟着麦肯基学起电报来。一方面，由于他基础好，爱学肯钻；另一方面，又得麦肯基细心传授，加以指点，所以进步很快。不到几个月工夫，麦肯基就正式宣布说：

"恭喜，恭喜，爱迪生，你毕业啦。常说师傅带徒弟，总得留一手。可我这个当师傅的连半手也没留，肚里的货色全叫你批发光了。"

爱迪生听罢，还不敢相信自己的成绩，眯缝着眼睛问：

"真的学好啦？能单独工作了吗？"

麦肯基笑了笑，拍着肩膀鼓励他说：

"羽毛齐了，翅膀硬了，尽管放心去飞，大胆去干吧！"

当下师徒俩又说了些各自珍重的话，爱迪生才千恩万谢拜别师傅回去了。他一到休伦埠，立即挂出招牌，开展了私人报务员的业务。接着又通过友人推荐，正式踏上工作岗位，在当地的瓦克尔电报局担任报务员。

说起这个瓦克尔电报局，也的确小得可怜。它是私商经营的，全局总共才一个报务员。老板瓦克尔先生的正宗收入，主要依靠珠宝和书籍买卖，开这个"电报局"，无非是投投机，赶赶时髦，钓条小鱼儿佐酒下饭。他内心盘算：人家开矿办厂，都爱雇佣童工，图的是差拨方便，工钱便宜。我这笔小生意，也得这么办。所以，当别人推荐爱迪生时，他觉得正合心意，便一口答应了。

爱迪生也有自己的想法。他不在乎钱多钱少，每月20块钱就每月20块钱，只要能走进正式电报局，总比摆弄自己土造的机器强些。况且，老板铺子里还有好多科学杂志、技术图书，可以免费翻阅。这种工作学习两得其便的好差事，上哪找去？

可是，父亲心里却觉得不是滋味。他认为孩子已经逐渐成人，手艺学得也不错，到头来反不如当初卖报时挣的钱多，也太不像话了。因此常常跟孩子抱怨，说：

"孩子呀，水往低处流，人往高处走。咱可不能走下坡道儿，一年不如一年呐！"

开始，儿子对父亲的这种说法，只当耳旁风，听过也就算了。后来，知识逐渐丰富，技术日益提高，便觉得这地方太小，设备太简陋，长此下去，搞不出太大的名堂来，不免也动了另谋他就的念头。但到底哪儿比较好，一时也没有个着落。他想，还是去找师傅商量商量吧。

麦肯基把徒弟的情况仔细考虑一下，说：

"换换地方，长长见识也好。这事放在我心上，等有机会给你介绍。"

爱迪生的新工作，便是麦肯基介绍的。工作单位是斯特拉得福铁路分局，具体职务负责接收夜电，从晚上7点到第二天早上7点，每月工资25块钱。

现在，爱迪生既受过麦肯基的精心培养，又经过相当时期的实际操作锻炼，对电报的操作，一般故障的检修，基本上已经掌握。所以，在从事新工作的时候，也能应付自如，非常顺手。但是，好学不倦的爱迪生，并不就此满足，随着业务水平的不断提高，他反而觉得自己在这方面知道的东西实在太少了。他时常反复自问：滴滴答答的电报机到底是怎么工作的？一头发，一头收，两下相隔老远，又是什么东西给拉的关系？

当初只管学操作检修，不问科学原理，现在，连个基本道理也弄不清楚，该有多惭愧！他要追根溯源，打根儿上了解，掌握这项工作。于是，他抱着虚心学习的态度，向一些老前辈去请教。

听到问起电报的科学原理，这些老前辈也一个个傻了眼。多少年来，他们成天跟电报机打交道，可从没想过原理问题。他们一向把它当做衣食饭碗，光晓得这么干，只知其然而不知其所以然。如今被爱迪生一追根，全弄得抓耳挠腮，答不上话来。有那性子暴躁，倚老卖老的，甚至还用嘲笑的口吻教训说：

"哼，瞧你问得多新鲜！电报嘛，就是电报，就是咱们干的活儿呗。叫你收，你就收，叫你发，你就发，'圆理'也罢，'扁理'也罢，管那个干吗？"

有个年纪大的报务员，总算对自己的业务有点特殊的心得体会。他对爱迪生解释道：

"要说电报这玩意儿，那简直像条身子老长老长的狗。脑袋在英国伦敦，尾巴在美国纽约。要是你在纽约拉拉狗尾巴，那它就在伦敦汪汪直叫唤。"

譬喻虽妙，可也含糊得厉害，解决不了实际问题。

找人请教不得要领，爱迪生又埋头往书本上去探索。过去，麦肯基时常对他说：

"师傅带进门，修行在个人。"

当时听了，只觉得这话意味深长，话里有音。如今回味回味，确实有道理。他买来了一些有关电报的参考书，用自己手制的那台电报机进行实验研究。时间反正有的是，干的是长夜班，完完整整的白天全可以自由支配。

按照铁路当局规定，值夜班的报务员，不管有事没事，到9点钟以后，每小时必须向车务主任发送一次讯号，表明他正在清醒地执行任务，没有偷懒贪睡。爱迪生白天钻研电报原理，不肯休息，晚上当班，自免不了眼睑毛打架，打上几个盹儿。他也知道，工作时间睡觉是不对的。可是，一晚上收报的次数并不多，而且已经摸出规律，时间方面完全可以把握住。那么，在不妨碍业务的前提下，利用空闲适当休息一下，也无关紧要啊。倒是这一小时发回讯号的规定，叫人烦躁不安。

于是，爱迪生又动起脑筋来。他设计了一种小小的装置。这种小装置能叫电报机自动按时拍发讯号，既准确，又可靠，试用结果，居然还赢得了车务主任的表扬。说是斯特拉得福分局夜班报务员，工作勤勉，忠于职守。发出的讯号，一分不迟，一分不早，具有高度的准确性。

爱迪生听到这种说法，心里也乐滋滋的，暗自高兴。他想："这倒不错，连总局老上司也给蒙住了。今后，白天钻电报原理，晚上当班找空子睡觉，也可以更加放心啦。"

但是，古语说得好："若想人不知，除非己莫为。"爱迪生"放心"了没多少日子，他那值班打盹儿的秘密，到底还是被表扬他的车务主任拆穿了。其结果当然是丢了饭碗。

流浪的日子

　　这时候，南北之战硝烟冲天，正拼杀在火头上。兵法说："兵贵神速。"行军打仗，要紧的是动作迅速，耳目灵通。战争把大批报务员吸收到了军队里，地方上通讯人员奇缺。因此，掌握最新式通讯工具的报务员，便成了急需的人才。不过，这只是事情的一面。另一面，在少数人统治多数人的社会里，重的是情面靠山，专讲究拍马吹牛。谁根儿粗，来头大，会阿谀，善逢迎，即使不学无术，也能捧上金饭碗。相反，你再本事大，能力强，也会到处碰壁，弄得英雄无用武之地，找不到活儿干。

　　对爱迪生来说，头一个条件是有利的。所以他背着行李，从斯特拉得福分局一出来，立即又在阿德里安找到了新的工作。可是拿第二个条件来衡量时，爱迪生就不合格了。因此他在新的岗位待了没多久，就被人家扣了顶"冒犯上司"的帽子，一脚踢出门来。接着，他又到威因炮台当上了报务员，但也不过三个月工夫，还是得卷铺盖滚蛋。原因呢，很简单：所在单位的主任有个朋友，看中了爱迪生占据的那个职位。可爱迪生并不气馁。他想起父亲有句口头禅："没关系，走遍天下，也是靠着两只手挣饭吃。"于是，又迈开大步，走上新的征途，来到了举目无亲的印第安纳波里。

冬天的早晨，气候格外寒冷。大街上，屋顶上，树枝儿上，都披着厚厚的霜雪。爱迪生头戴破呢帽，身穿斜纹布裤褂，拖一双大皮鞋，踢踢踏踏，在大街上转悠着寻找工作，打听着有何处需要报务员。没走多久，天公不作美，又刮起风，飘起雪来，往人脸上直扑，冷飕飕的。接连问了好几家电报局，都摇头晃脑回说没有空位置。后来跑到联邦西部电报公司一打听，空缺倒有一个，但看爱迪生这副打扮，这点年纪，这么个小个儿，负责人心上信不过，硬要当场试试，方肯正式录用。

爱迪生听了，心中暗自高兴。此时正是显示自己本领的机会。果然，那位负责人见爱迪生不慌不忙往电报机前一坐，接通电路一操作，原先的想法立时动摇起来。心里说："哎呀，人不可貌相，海水不可斗量呀！"他没等爱迪生试完，就跑上去一把握住他的手，兴奋地说：

"行啦！从今天起，你算是联邦西部电报公司印第安纳波里分公司的报务员了。"

如今，爱迪生在电报方面的造诣，已经相当深了。

不但操作熟练，业务水平高，而且通晓原理，从基础上理解和掌握了这项工作。也正因为如此，他来到联邦西部电报公司以后，便对电报机的结构，性能开始不满起来。他首先感到：电讯越来越繁忙，需要逐日在增长，而一条线上每回只能发一个电报，未免太慢了。倘能动动脑筋，叫它同时发送两个，那效率岂不会翻一番，提高一倍吗？再说，这纸条记录设备，也大可改进一下，要是想法儿把记录速度控制住，抄报质量便能大大提高。

有一天，他找到跟他同班的同事，把改进记录设备的想法说了说。同事听了，抽着烟想了会儿，疑惑地说：

"好是好，不过得有把握才成。不然，误了收报，那责任咱们可担当不起呀。"

爱迪生没跟他费口舌，伸手拉着他走到宿舍里，一声不吭地搬出一套收报装置，将自己几天来的实验结果，干净利落地当场表演了一番。表演完了，他又把机器拆开，把改进了的地方，依据的原理，一股脑介绍给同事。他说：这叫二重记报机，上下安着两套记录设备。上面这套跟原先一样，完全根据对方拍发的快慢将电讯记录下来，对方拍得快，它记得也快，对方拍得慢，它记得也慢。速度掌握在发报人手里，收报人无法控制，开始就处于被动地位。可是下面加装的这部记录机，情况就不同了。报务员通过它进行抄报的时候，速度快慢，可以随心所欲，任意调节，所以抄下来的电文，质量比过去有明显提高。

原来，二重电报有两种：一种叫"异向二重电报"，就是在同一线上，彼此两端，同时各发一电，一来一往，故名"异向"。这在爱迪生以前早已有人发明了。另一种叫做"同向二重电报"。这是爱迪生发明的，就是在同一线上，同一方向，能同时发两个电报。后来爱迪生又发明了"四重电报"，那就更加奇妙了，是在同一线上，同一时间，彼此两端，各发两电。方向相对，来去分明，不相冲突，一线可以抵过四线。自从这发明推行以后，不知省去了多少时间、手续和架设电线所费的金钱。此时，爱迪生把一切交代清楚，他望着他的同事，笑眯眯地问：

"怎么样，你看如何？"

那个同事看了实地操作，听了详细讲解，兴奋和惊奇交织在一起，一时激动得不得了。这时听爱迪生征求自己的意见，不禁呼吸急促，语不成句地说：

"行……准行……保险行！"

先前笼罩在心上的那团疑云，像是骤然遇到一阵疾风，早刮得烟消雾散，无影无踪了。看到同事这般高兴劲儿，爱迪生也满心欢喜。他拿起那个新装置，活像估计重量似的，在手里掂了掂，坚决地说：

"行，咱们就干！今儿晚上就用它试试看。"

为了避免不必要的麻烦，他们决定偷偷进行实验。上班时候把新设备装上去，下班再拆下来恢复原样，不让有丝毫蛛丝马迹落在别人眼里。

　　不久，公司经理逐渐发现，凡是爱迪生当班抄得的文件，不但从无差错，而且清清楚楚，整齐美观。他心里称赞说："别看年纪轻，新来乍到，还着实有两下子呢！"他拣了两份特别好的，吩咐贴到大厅里去公开展览，让大家见识见识，学习学习，也算是对爱迪生表示鼓励的意思。

　　"展览品"一贴出去，便招引来好些观众。有的是爱迪生的同行，有的是一般职员。这些人着眼点虽然各有不同，可是观后感却差不多，一个个都异口同声地喝彩叫好，佩服得五体投地。其中有个报务员听了以后，禁不住握紧拳头直敲自己脑袋，说：

　　"怎么搞的！他当夜班，我值日班，用的是同一架机器。可抄出来的报文，一个天上，一个地下，简直没法比！"

　　他哪儿知道，夜班报务员怀里有件法宝，是跟着他一块上下班的呢。

　　试验二重记报机获得成功，爱迪生又集中精力，向二重发报法摸索前进，打算实现一条线上同时拍发两个电报的愿望。不料就在这时候，偏偏节外生枝，又出起变故来。

　　这天夜里，天气特别冷。他坐在屋里烤着火，手指头还是不大听使唤，有点僵硬。一大批新闻电稿，以最高的速度倾发过来。爱迪生和那个同事，把全身本事都用上了，还是应接不暇，忙不过来。当对方发完"晚安"两字宣告终止时，他们这边还只抄收了一半，在时间上几乎慢了两个钟头。

新闻电报稿是报纸的重要资料来源，这边一慢，那边报馆里的编辑人员，也跟着发起慌来。第二天的报纸在等着新闻电稿发排哪！于是，从报馆通到联邦西部电报公司的路上，派来催促电稿的人，像走马灯似的，一个跟一个，接连不断。开头还是催催，后来话音里含着埋怨，到末了，口气越来越难听，终于竖眉瞪眼，扯着嗓子骂起来了。

这一骂惊动了公司经理。查问下来，根由出在夜班报务员身上，他抬腿跑到报务室一看，巧得很，爱迪生恰好抄完电稿，正想动手把那个小设备往下拆。

经理喊了声"慢着"，大踏步赶上去，虎着脸，拧着眉，朝那个小设备瞪了一眼，厉声喝问：

"这是什么？"

爱迪生坦然地说：

"这是二重记报机。"

经理一听，满肚子火气算是找到了发泄的对象。爱迪生哪肯让步，他直着脖子说：

"是二重记报机。不信，可以当面试嘛！"

经理走马上任以来，还没碰上过敢跟他顶嘴的下属。他气得嘴皮儿打战，唾沫星子直喷，吼道：

"这是公司，不是试验所，要试你回家试去！"

他不容分说，当即武断地做出结论，指着爱迪生的鼻子说：

"你私自拆毁公司设备，造成严重事故，损害公司信誉。这样的报务员，本公司绝不能继续雇佣。"

爱迪生就这样离开了联邦西部电报公司，一个人背着行李，耷拉着脑袋，在大街上走着。街上到处都很热闹，人们穿梭般来来往往，马车上的铃儿叮叮当当。可他心里却冷若冰霜的，好比一叶孤舟漂行在茫茫大海上，望不见陆地，辨不清方向。

走着走着，一阵冷风迎面吹来，浑身毛孔猛地收缩一下。他脑子里一闪，想起不久前初来印第安纳波里时，也跟现在的情况差不多。那天早晨，他顶着刺骨的寒风，冒着纷纷扬扬的大雪，到处瞎闯。结果，在众目睽睽之下，当场试验，把主考官看得忍不住跑上来，握着他的手……嘿，那是多么鼓舞人心的一幕啊！想到这里，心坎上蓦地涌起一股暖流，如同雷劈闪电，传遍全身，震得胸腔里突突直跳，人一下子又精神起来，忽闪着一对雪亮的大眼睛，自言自语道：

"哼，你攒吧，冲你这份德行，拿四轮大马车接我，我还不乐意干呢！普天下，哪里黄土不生芽，我非待在这不可？"

天上风起云动，铅灰色的云层，像条扯烂了的棉絮，露出一块块蓝蓝的晴空。他站住脚，仰起头，深深舒了口长气，心头更觉舒畅了。于是，肩头一耸，身子一使劲，抖擞抖擞精神，大踏步继续前进……

后来，爱迪生和两个朋友准备去南美。他们从路易维斯出发，赶到新奥尔良，预备在那儿搭船上巴西去。不料一到新奥尔良，正碰上出事，当地政府颁布戒严令，轮船火车一概不准开动。没办法，三个人只好住下来等着，后来两个朋友按原计划搭船去巴西，爱迪生则循原路回到路易维斯。

他在路易维斯住了一段时间，又到辛辛那提作了短期的逗留。这时他才听说，那两个固执的朋友，好容易到了墨西哥，却染上了流行性黄热病，把命丢了。惋惜之余，他又想起了家，想起了亲爱的妈妈，便回到了休伦埠。

可是，他这次回来，日子也并不好过。仗虽不打了，可还是乱得厉害。爱迪生回家不几天，地方当局就借口军用，硬逼着他们搬家。一家人只好在一个朋友家里暂时挤一挤。

在异地他乡东奔西走，漂流了三年多，回到家来还是没个安安稳稳的落脚处。眼看两位老人日夜焦虑，一天天瘦下来，爱迪生的心，像在滚油里煎着。他偷偷写了封信，寄给波士顿的一个朋友亚当斯，问问那边是否能找到工作。

他决定继续出外流浪，继续跟残酷的生活斗争下去。

初露锋芒

亚当斯是爱迪生在辛辛那提的同事。小伙子比爱迪生略长几岁，浓眉大眼，宽肩膀，圆身腰，身体像铁打钢铸一样结实。当时在工作岗位里，就数他俩最要好，真所谓情投意合，形影不离，亲热得简直跟同胞兄弟一般。后来，两个好朋友同时离开了辛辛那提，一个往南，去了那斯维尔，接着又东飘西荡，四处流浪；一个朝北，来到了波士顿，在联邦西部电报公司波士顿分公司一直工作到现在。

这天，亚当斯接到爱迪生的信，知道好朋友困守在家，郁闷至极，又想出外找活干，也不敢怠慢，拿着那封信就直接去见密立根。

密立根是公司的经理，是个有真才实学的老头儿。

这人气魄大，目光远，不喜好表面虚华，很讲实际。手下职员有哪个犯了错误的，无论是谁，他张嘴就骂，铁面无私。谁要是埋头苦干，真有能力，他也不管你是亨利，还是杰克，照样另眼看待，照样提拔你。

按常理说，普普通通一个小职员，想给朋友找个差事，多半是备份厚礼儿，托个人情，拐弯抹角地向上司疏通，谁还敢当面去找经理的麻烦？亚当斯所以有这股冲劲儿，一来是受了好友之托，急于求成；二来也仗着平日里机灵肯干，颇得经理欢心，才试着走这条捷径。

当密立根打开信看时，只见那字体清晰端正，一丝不苟，跟铅印的一般无二，顿时被它吸引住了。他边看边点头，反复欣赏了好半晌，才开口问道：

"他抄起电报来，也能用这种字体，写得这么整齐吗？"

亚当斯毕恭毕敬地答道：

"不瞒你说，经理，这是他的独到之处，练就的拿手好戏。别看一笔一画，工整得出奇，写起来可快着呐。"

密立根又拿起那封信看了看，略一思索，便决定说：

"好，我相信你。写信叫他来吧！只要好好干，我也亏待不了他。"

真没有想到，一封信，几句话，就把好朋友的工作问题解决了，亚当斯心上好不欢喜。他辞别经理出来，拿张纸，当即把事情的经过给爱迪生写了封信。最后还着重写道：

"事不宜迟，信到之日，务望立做准备，火速登程。"

过不几天，爱迪生果然赶来了。两个好朋友一见面，手拉着手，你看看我，我看看你，亲热了半天。亚当斯发现，爱迪生头上戴着的还是那顶破呢帽，身上穿的还是那套斜纹布裤褂，便笑着打趣说：

"好呀，一别两年，依旧这幅老脾气，依旧这幅老打扮。可是肚子里装的书，手上搞过的实验，恐怕就不是那老数目了吧！"

冬天的黄昏，夜幕降临得特别早。不过五点多钟，太阳已经落下西山，残留着一抹暗红。天色开始黑起来，屋里也亮了灯，联邦西部电报公司报务室内人声嘈杂，烟雾腾腾，显得分外热闹。

有人担心地说：

"不知道亚当斯的好朋友，能经得住这次考验不？"

有人接着说：

"就是经得住也够他呛的。经理全部布置过了，待会儿对方发报的是第一号快手，发过来的又是一份特别长的新闻电稿。"

另一个打抱不平说：

"好家伙！新来乍到的，就出这样的难题目难人家，明明是存心要他好看嘛……"

这句话没说完，经理带爱迪生进来了，亚当斯在后头跟着。整个报务室顿时沉浸于寂静之中，空气一下子紧张起来。密立根四下望望，慢悠悠走到屋子正中的写字台前，慢悠悠往椅子里一坐，然后微笑着朝旁边一张桌子指了指，招呼爱迪生也坐下来。

　　桌上端端正正摆放着一架电报机。爱迪生把牌号、机件大略看了看，抬头用询问的眼光向经理瞅着。

　　密立根不慌不忙点上一斗烟，伸出手点点头，说：

　　"请开始吧！"

　　经理一声令下，亚当斯只觉身子一震，两条腿不由自主地打起颤来。他拼命安慰自己："急啥？急啥？练就的本事，准能完成，准能完成！"可是安慰来，安慰去，那颗心还是咚咚直跳，一点不见效。于是，他干脆把脸一扭，盯住后边的时钟看，想来个眼不见心不烦。但这一招也不顶用，视线一离开好朋友，那颗心越发蹦的厉害。扭过来扭过去都不对劲儿，他只好侧着脸，斜着眼，朝好朋友望着。

　　这时，爱迪生已经进入了紧张阶段。对方的第一流快手在以最高的速度拍发着，只听得电报机哒哒哒，哒哒哒，连珠炮般地响，那声音就像大街上跑马，旺火里爆豆儿。光是高速还不要紧，中间还夹杂一些缩写字，而好朋友又偏偏要发老脾气，偏要用全文把它写出来。亚当斯心上捏着一把汗，想："哎呀，缩写就缩写算了，还要那么地道，用全文去抄录，也不想想这是什么时候……"

正在着急，好朋友偏又停手不写了，拿起小刀削起铅笔来了，听任电报机在那儿荡人心肺地响着。咦，怎么搞的？明明知道是紧要关头，也不多预备几支铅笔，秃就秃点呗，只要抄全了就成，削那么尖，漏抄了一截也是枉然……亚当斯又是急又是怕，禁不住又把脸扭过去，朝墙上的时钟盯着。盯了好一会儿，才辨别出长短针摆的是什么位置。糟糕！时间差不多了，在赶不上去可来不及啦！慌忙又把脸掉过来，瞪起眼睛向好朋友打量。

不多一会儿，一份特别长的新闻电稿抄收完了。惊叹声中，亚当斯头一个抢上去，向好朋友表示衷心的祝贺。接着，数不清的友好的手，从四面八方伸过来。

密立根拿着爱迪生抄下的报文，看得爱不释手入了神，心里不住地赞道：

"跟信上写的一模一样。这么漂亮的抄文以前从没见过，这么优秀的报务员也是头一回碰到啊！"

经过这次"考试"，密立根对爱迪生特别注意起来。他发现小伙子少言寡语，踏踏实实的，喜欢埋头闷干，一个人还在悄悄儿琢磨二重发报法，更觉得他是报务员里的尖儿。一天，他把爱迪生叫来，亲切地问：

"听说，最近你在搞什么新发明，是不是？"

"新发明？……"爱迪生吐出三个字，又把说到嘴边的话吞了回去。心想：糟啦！经理怎么会知道的？看样子这地方又要待不下去了！早先，在印第安纳波里搞二重记报机，经理一发现，不管三七二十一就把人给撵了。后来在孟菲斯搞二重发报法，上司知道以后，鼻子里喷出一股冷气，说：

"哼，随便哪个笨蛋，也该懂得一条线上是没法拍发两个电报的！"

认为这是"异想天开"，是"存心捣乱"，也糊里糊涂就把人给赶了出来。如今，"新发明"这三个字儿，听来似乎挺体面，闹不好又是个不大不小的"罪名"，又可以逼人卷铺盖滚蛋……

密立根见他说了半句，就愣着眼睛只顾寻思，开始不免有点奇怪，跟着想起亚当斯谈过他的往事，对小伙子这时的心情也有所体会了，便温声细气儿地说：

"你放心，我这个人年纪虽老，可不是老顽固，可喜欢新玩意儿哩。"

又搓着手儿点点头说：

"你这个发明很重要呀，要是能成功的话，等于铁路铺上双轨，无形之中，一条线变成了两条线。"

和善的态度，诚恳的话语，打动了爱迪生的心。自从出外工作以来，对自己搞的实验不脸红脖子粗，而能如此关怀的上司，这还是头一次遇见呢。他抬起头，两眼闪着激动的光芒，一五一十把研究经过向经理说了。

密立根听着听着，不觉眉开眼笑，又凝神思索了一阵子，说：

"好，很好，主要关键已经解决了。眼下这几个问题，只要再加把劲，我看不会有多大困难。"

爱迪生说：

"我也这么想，我正准备正式试试看。"

密立根轻轻拍了拍他的肩膀，爽朗地笑着说：

"大胆试吧，小伙子。我再通知纽约一声，等比较空的时候，就让你利用他们这条线搞二重发报实验。"

从这天开始，爱迪生的钻劲更足了，一放下正常的工作，就揣摩二重发报实验。他没早没晚、整日整夜地工作着，根本没有一定的吃饭睡觉时间。肚子实在叫唤得厉害了，就胡乱吃上一点；眼皮实在重得撑不起来了，就迷迷糊糊趴在桌上打个盹儿。总共加起来，一天24小时，也合不上4个小时的眼。亚当斯看见好朋友吃也不好好吃，睡也不好好睡，劝了几回都不肯改，忍不住气呼呼地嘀咕说：

"机器也得擦擦，加点油，火车也要停一停，添些煤。人总归是人，不吃不喝不休息，看你能撑多久！"

好朋友为自己身体担心，说出气话来了，爱迪生才抬头望了他一眼，又笑着做了个无可奈何的姿势，说：

"唉，人总归是人，一辈子能有多少时间？才说是圣诞节，一晃又过了年。我已经21岁啦，可还有那么多的事儿要干，不把步子加快点不行呀！"

他照样夜以继日地进行自己的试验，又不知熬过了多少个不眠之夜，经历了多少个勤劳的白天，终于试制成了一架崭新的二重发报机。当地报纸立即用重要的版面，刊登了这条消息。专业性的《电报杂志》，也以《爱迪生与二重发报法的发明》为题，发表了评论。大家一致认为，这项发明非常重要，是电报发展史上一桩极有意义的大事。

　　二重发报机的发明，在电报发展史上是件大事，在爱迪生的个人生活中，也是个重要转折点。从此，他像出了土的竹笋，注上春天的甘露，挺秀苗壮，精神饱满。他似乎不再是随水漂游的浮萍，不再是茫茫大海里的孤舟。他在土里扎下了根，在扑朔迷离的海上望见了陆地的边缘。方向既明，心里也有了奔头，不管看书搞实验，都格外上劲儿。

吃一堑长一智

　　爱迪生脑子里又有了另外的打算，又在憧憬着一个新的理想。他不愿再当拉磨的驴儿，蒙住了眼睛任凭别人指挥。他要走自己的道路，向自己树立的新目标大步前进。

　　亚当斯看见好朋友容光焕发，劲头十足，下了班，就往威廉士电器厂一钻。心想，小伙子准是又在搞什么新玩意儿，自己的设备不够用，发展到人家工厂里去了。但由于值勤时间不同，一个日班，一个夜班，说话机会不多，也没去仔细问他。

　　光阴似箭，眼看又入了冬。一天，爱迪生匆匆走来，悄声对亚当斯说：

　　"亚当斯，我有件事儿想跟你商量商量。"

　　亚当斯知道好朋友的脾气：不喜欢多讲，净爱闷干，无事不登三宝殿。现在既然找上门来要商量商量，一定有什么特殊问题。于是，赶忙问：

"你快说，出了什么事儿？"

爱迪生看他这幅急相，笑了笑说：

"瞧你急的，又没出什么事儿！"

亚当斯一时摸不透他的意思，两眼睁得老大，探问道：

"没出什么事儿？那你跟我商量啥？"

爱迪生凑前一步，压低了嗓子说：

"我只是在想往后专门搞实验，搞发明，这报务员的工作，打算干脆把它辞了。"

这的确是个突如其来的问题，亚当斯从来没有想过。他抬起脑袋问：

"干脆辞了？没有正常收入，能行吗？"

爱迪生说：

"不要紧，反正一个人，随便怎么都能对付。这些年东荡西颠，也没个正常收入，还不是走过来啦。"

亚当斯想了想，又问：

"这阵子，你在人家工厂里搞什么发明？"

"投票记录机。"爱迪生回答得非常简单，像是好朋友早已知道了似的。

亚当斯听了，瞪大眼睛停了半天，又问：

"投票记录机？什么投票记录机？"

爱迪生笑了笑，反问道：

"你的问题有没有完？"

说着，一把拉起亚当斯的手，说：

"走，看看去。"

两个好朋友，一前一后，走出公司大门，来到大街上。天气虽冷，城市里照样十分热闹，街中车水马龙，掀起大片尘土。摆摊儿的，做广告的，嘈嘈杂杂，卖报的，压扁了嗓子，尖声叫喊。爱迪生把破呢帽拉到眉梢上，两手插在裤兜里，弓起肩膀，缩着脖子，只顾往前冲。他衣衫单薄，身上冷得瑟瑟发抖，架不住屋外这股寒气儿。

亚当斯紧跟在他后头，边走边嘀咕，说：

"看来，这么冷的天，也不做件大衣穿穿。领来的工钱，全喂了投票记录机了吧？"

爱迪生说：

"全喂了也不够，还向别人借了一百块。"

亚当斯瞟了好朋友一眼，说：

"你忘了，在辛辛那提的时候，也是穿这身衣裳过冬，冻得老是咳嗽？"

爱迪生轻描淡写地说：

"那时候年纪小，抵抗力不足。"

亚当斯存心刺刺他，冷笑一声说：

"难道现在抵抗力强了！我看哪，要是再强点，连脑袋都要缩到领子里去了！"

说话间，已经来到一家工厂门口。亚当斯抬头看时，一块大牌子，端端正正一行大字：威廉士电器厂。知道目的地已到，只好闭住嘴，跟着好朋友一步步往里走。

爱迪生像到了自己家里，人熟地也熟。他一面亲热地频频跟别人点头打招呼，一面带着亚当斯穿堂入室，来到一间小屋里。

一进屋，爱迪生摘下破呢帽往旁边一扔，哈着手儿跑去倒来两杯水。一杯自己端着，一杯递给亚当斯，笑嘻嘻地说：

"你不是嫌冷吗？来，先喝杯热水暖和暖和。"

亚当斯没吱声，只是在接过杯子的时候，朝好朋友瞪了一眼。他这时的注意力，已经叫摆在桌上的那部怪机器勾引住了。

爱迪生端着茶杯暖着手，站在一边看好朋友端详他的新发明。亚当斯是个心灵手巧的人，他根据机器的结构，路线的部署，结合"投票记录机"这个名字，两下里一对照，顾名思义一研究，对机器的功能、用途，已经明白了八九分。心里说：设计的好，做的真巧！又眨巴着眼睛问：

"你怎么想到这上头来了？"

爱迪生喝了几口水，润了润嗓子，然后，原原本本地向好朋友诉说起投票记录机的前因后果来。他说：由于在抄收新闻电稿的时候，发现议会开会时每通过一项法案，往往要唱票呀，点数呀，反复核对呀，花费老长的时间。心想大好光阴等闲抛掷，甚为可惜，便动了用机器记录票数的念头。他决定运用电报原理，进行新机械的设计工作。粗粗一算，觉得这事并不难，可是动手一干，整个机器的布局，各个零件的配合，都几经返工，煞费苦心。就像在学校里做作文，老师出了个中意的题目，乐得一跳老高，认为这下可逮着啦，用不着搜索枯肠了，但提笔一写，却也不那么容易。还得反复推敲，逐字逐句斟酌，一改再改，才能比较满意地把卷子交上去。不过，眼下搞发明又跟往日做作文不同。往日做作文，学校特地给你安排两节课的时间，可以一气呵成，思路不至打断。眼下搞发明呢，用的是业余时间，占的是次要地位。刚想到关键地方，又上班了！只得把它撂下，去干正经活儿，回头再重起炉灶，再从头琢磨起。从表面上看，这不过是个时间问题，其实，却关系到究竟搞哪行，走哪条道儿，是决定一辈子何去何从的根本关键。

说到这里，爱迪生停了停，扬起脖儿把杯里的水喝了。又斩钉截铁地说：

"现在，投票记录机是搞成了，可是，老这么一面干报务员，一面搞发明，脚踏两只船，总不是个办法。所以，我想过一年，干脆把公司的工作辞了，往后一心一意搞发明。"

听完这段叙述，亚当斯对好朋友为什么突然要辞职，已经完全明白了。说的也是，成天守着电报机，为老板卖力气，为他人作嫁衣，的确叫人心腻。有这份才能，去开辟一条新的道路，于人于己，都有好处。他抄着手儿，点了几下头，问：

"下一步，你打算怎么办？"

爱迪生胸有成竹地说：

"申请投票记录机的专利权，把销路打开。上次搞的二重发报机，直到现在也没正式试用过，也想凑些钱做一次正规的试验。"

"你说的对！"亚当斯又连连点头，"这对我也是个启发，觉得心里亮堂多了。咱不能黑影里点灯，只看脚下，是得把眼光放远一点，为一辈子的出路做个长远打算。"

两个好朋友又谈了一会儿知心话，因为要上班，亚当斯先回公司去了。爱迪生一个人留下来，详详细细写好一份专利申请书，连同投票记录机的结构图样，给设立在华盛顿的专利局寄了去。

不久，便收到了批文。爱迪生一连读了好几遍，实在舍不得放下。心里一时兴奋，泪水夺眶而出。

高兴啊！自己亲手播下的种子，亲手耕耘灌溉、培育出的嫩苗儿，而今眼看着它成长壮大，开花结果，获得了第一次丰收。拿到了第一个专利，爱迪生心里感到格外激动！热血沸腾沿着大小血管上下流动，两只手不知不觉地哆嗦着，弄得那张薄薄的纸也跟着微微抖动，发出沙沙沙的声音。

为了争取时间，他立即筹借了一些路费，带着投票记录机，赶到首都华盛顿，准备找议会的有关部门，推销他的专利品。

这一天，是个阴湿的日子。天上黑云密布，路上湿漉漉的，滑得很。爱迪生东问西问，一步一滑，跑了许久，才来到议会门口。只见高楼大厦，戒备森严，有点吓人。他到传达室里说明来意，一个油头滑脑的家伙，看见来人这幅寒酸相，还当是跑街的掮客，爱理不理地坐在那儿一动不动。爱迪生忍着气，费了不少唇舌，把专利登记书也拿出来了，那人才让他在会客簿上登了记，答应到里面去问问。又过了好半天，那人才跑出来说：

"进去吧。委员会主席答应接见你了。"

委员会主席是个高个子老头儿，待人还算和气。他听了爱迪生的说明，看过专利登记书，又叫他把机器的功能当场表演了一番。便抽着雪茄烟，笑嘻嘻地说：

"年轻人，你的想法很好，搞的这个新发明也的确灵巧。参加会议的人坐在自己座位上，按按'赞成'或'反对'的按钮，讲台上两个大转盘，就能自动把它记录下来。谁要想知道投票结果只消一看转盘上的数字，便一目了然。既准且快，着实能节省不少时间。"

他夸奖了几句，跟着语气猛地一转，又说：

"不过，你听了可别生气，这恰恰是我们不欢迎的东西。因为在进行表决的时候，少数派要阻止议案的通过，最有效的办法，就是靠投票这一招跟对方僵持，尽量拖延时间。要是用了这部机器，那岂不是缴了他们的械吗？"

发现年轻人悟不出话中的奥妙，高个子老头儿又补充说：

"当然，用科学研究的头脑来理解议会里的事情，你一辈子也想不通的。科学研究注重实事求是，讲究效能功率，而议会则是政治，是政治啊！"

爱迪生听了，二话不说，抱起投票记录机，拖着沉重的脚步，走出议会大门，回到了波士顿。失望像条又粗又长的黑蛇，啃着他的心。他做梦也没想到，平生头一件专利品，打专利局一出来就泡了汤，就无法打开销路。他托着两腮，瞪着圆圆的大眼睛，静静地愣着。这可不是绝望的沉默，而是像一只斗败了的苍鹰，栖在隐蔽的山岩上，擦嘴磨爪，重整羽毛，准备更好地去迎接新的战斗。

时来运转

此时，美国经过连年内战，损失极其惨重，大大伤了元气。战火烧过的地方，肥沃的田野变成了焦土，美丽的山岭布满了战壕弹坑。那些遭受反复摧残的地区，情况更为凄惨，真是炊烟断绝，白骨累累，饥民载道，一片荒凉。

广大人民生活在水深火热之中，政府里的贪官污吏，市场上的投机商人，就乘机兴风作浪，浑水摸鱼。贪污舞弊、投机倒把的现象层出不穷，搞得到处乌烟瘴气。经济发生恐慌，政府只好发行大量纸币，而在通货膨胀的影响下，金价一路领先，物价跟在后头猛追，好似两匹脱了缰的烈马，发疯似的飞跃狂跳。

作为全国金融中心的纽约市，那情景更是紧张万分，叫人喘不过气来。黄金价格像长上了翅膀，不住地往上飞，一天不知道要变动多少回。华尔街上那些做黄金买卖和开银行、交易所的大老板们，特地雇了一大批人，散布在各处，日日夜夜探听黄金行情，以便操纵市场，牟取暴利。

爱迪生推销投票记录机失败以后，又重整旗鼓，继续干了起来。他按照原定计划，辞去了公司职务，积极筹备二重发报机的正式试验。这时，波士顿的情况跟纽约相差无几，黄金扶摇直上，物价飞涨，出现了金价标示公司这类时髦行业。爱迪生觉得这也是个机会，便把当地使用的金价标示机加以改进，独树一帜，也搞起这门营生来，前前后后，被他兜揽来的用户倒也有三四十家之多。不久，他又以平分日后收益为条件，向别人借了800块钱，正式进行二重发报试验。结果，由于布置不够精密，没有试验成功，反倒背了一身债，终于在亚当斯和密立根的劝说下，决定去纽约另谋发展。

1869年6月初，爱迪生从波士顿搭船至纽约登岸的时候，正是金价瞬息万变，金价标示行业整整日上之际。全国金融中心毕竟跟其他地方不同，各路商贾云集，店铺行号林立，招牌广告五光十色，车水马龙，行人如蚁，真是热闹非凡。爱迪生看着这繁华景象，摸摸口袋里那仅有的一块钱，心上踌躇起来，不知该往哪儿投奔是好。

他毫无目的地徘徊了半天，猛地想起一个同行来。听说这个同行目前在劳斯金价公司工作，自己虽说跟他感情不深，但总有一面之交，说不定能拉扯一把，帮点忙。便来到布老德大街劳斯金价公司，打听有没有鲍普这个人。

公司传达听到要找鲍普，把来人打量了一下，问：

"他是我们公司的技师，你找他有什么事儿？"

爱迪生报了自己的姓名，说：

"我是他的朋友，特地从波士顿来看看他。"

那个传达叫他在门房坐一会儿，转身走了进去。工夫不大，鲍普笑哈哈跑出来，"好久不见，好久不见！欢迎，欢迎！"一迭连声说着，抢过行李拎在手里，连请带让地把爱迪生领进自己的办公室。

两个同行，一个是纽约著名的报务员，一个是波士顿联邦西部公司的业务尖儿，真所谓英雄爱英雄，虽只一面之交，却已一见如故。当下爱迪生谈起自己的境遇，说到希望帮衬一把，相助一臂之力的话。鲍普听了，脸上一点没有为难的样子，满口答应愿意尽力帮忙。他诚恳地说：

"别着急，总有办法的。眼下先在这儿住下来，别的不敢说，吃饭睡觉的问题包在我身上。"

他叫当差的买来了面包、果酱、火腿、灌肠，又亲手煮了壶咖啡。笑着说：

"光顾说话了，你还没吃饭呢。来，吃饱了再谈。"

爱迪生也不谦让，坦率地说：

"是饿了。不瞒你说，全身的流动资金总共只有一块钱，又没个落脚的地方，不敢随便动用。"

鲍普叹了口气说：

"唉，这滋味我也尝过。世道如此嘛，有钱的，金子堆儿里打滚，滚来滚去是黄金；穷人呢，提着竹篮打水，打上打下一场空。"

爱迪生吃着面包，回味着鲍普的话，心里想："要是不遇上他，吃没处吃，睡没处睡，不知道要受什么罪呢！"

当天晚上，鲍普在公司的地下室里搭了个铺位，让爱迪生休息。次日，爱迪生闲暇无事，跑去把公司的金价标示机揣摩了一番，觉得结构很精巧，颇有独到的地方，不过某些机件还可以商榷改进一下。因见鲍普工作很忙，不好意思打搅人家，就忍住了没去跟他说。

第三天，爱迪生正在思考着，忽听得人声嘈杂，乱哄哄地像捅翻了马蜂窝儿。探头朝外一看，见公司门口黑压压人山人海，一个个张大着嘴，指手画脚的，不知在那儿嚷嚷些什么。找人一打听，才知道是公司的金价标示机出了故障，报道黄金行情的通讯网断掉了。他二话没问，扭头就朝机务室奔去。

这的确是个严重问题，就像心脏停止跳动一样，浑身血管顿时瘫痪下来。华尔街上那些交易所、大商号，一时收不到行情消息，好似突然变成了睁眼瞎，急的大跳大叫，四处乱抓。他们接连不断地派人到总机这儿来催询、质问，打听黄金价格。眨眼工夫，跑来执行任务的人，就有三四百人了，把公司大门围得水泄不通。叫骂吵嚷之声，有如怒海狂涛，撼天震地。

当机器一出故障的时候，鲍普就赶到机务室里进行检查，想把它修理好。可是，事情出得突然，难免有点心慌意乱，检查来，检查去，也摸不着毛病出在什么地方。不一会儿，经理闻讯赶来，但想立刻找出毛病，谁也无能为力。天气闷，心里更热；时间紧，两只手更加不听使唤。听得门外人声鼎沸，叫喊着要打进来，两个人急得头上直滚汗珠儿。

爱迪生站在一旁，神色不动地端详着那架机器。因为事先摸过底，加之目光敏锐，心里又沉着镇定，他马上发现了故障的原因。便跑过去对鲍普说：

"我看是断了根接触弹簧，卡在两个齿轮中间，把整个机器的运转给挡住了。"

经理听说有人找出了毛病，也不管认识不认识，是不是公司的职员，扯开粗嗓子下了命令：

"把它装好！把它装好！快动手呀，我的上帝！"

爱迪生扭头朝他望了望。见这人中等身材，白胖子，大圆脸，脑门上的头发稀疏了，油光光的，穿一身笔挺的淡灰色衣服，衬衫领子雪白，一条领带绯红，衣饰气派与众不同。猜想此人大概便是大名鼎鼎的劳斯，他受过大学教育，专攻电学，在交易所里做过事。他根据电报原理，设计了一种金价标示机，并组织了专业公司，聘请著名报务员鲍普为技师，专门经营报导金价的业务。各交易所，各商号店铺，只要按时缴付一定费用，就可以装上一架标示机，坐在自己家里，及时而确切地收录金价变动情况。用不着派遣大量人马，四处奔跑打听。于是他的生意越做越红火。这个人肯定是公司经理，爱迪生也没去理睬他，把袖子一卷，走到机器跟前，弯下腰不声不响动手修理起来。

他以轻巧熟练的动作，取出那根折断了的接触弹簧，另换上一个新的。再把两个齿轮的部位扳正，对其他部件也挨个儿核校了一遍。那惊人的速度，那灵巧的手法，宛如一位钢琴家在弹奏一支轻松愉快的小曲儿。这时，鲍普又派人分头到各家各户去，把他们的收录设备也一一作了检查。前后不到两个小时，瘫痪了的金价标示机就恢复了原有的功能，像神经系统一样的通讯网，又开始紧张地活动起来了。

劳斯对这个陌生年轻人的帮助，非常感激，特地把他邀请到自己屋里去，请酒敬烟，向他表示由衷的谢意。

经理办公室是个双套间，里间办公，外间会客。一套精雕细刻的柚木家具，擦得干净明亮，一尘不染。墙上挂着名贵油画，地上铺着花毛地毯。站在这陈设华丽的会客厅里，跟衣冠楚楚的劳斯相比，相形之下，爱迪生显得土里土气，寒碜不堪，完全像个落魄在大城市的乡巴佬。

劳斯眼光敏锐，从刚才的修理技术上，已经看出这个小伙子一定不简单。他和颜悦色地跟爱迪生交谈起来，问他过去的身世，现下的景况，今后的打算。当话题回到金价标示机的时候，爱迪生又把琢磨好的改进意见提了提。

听得劳斯眉飞色舞，不住地点头称好，暗自寻思到："唔，有实践经验，懂科学原理，踏实肯干，进取心强，着实是把好手。"他觉得这样的人不能当面错过，不能眼睁睁地让他为别人效劳，应该吸收到公司里来，为自己出力。

想到这里，劳斯把雪茄烟屁股往烟缸里一按，笑逐颜开地说：

"今天你帮了我的忙，礼尚往来嘛，我也应该为你效点劳。这样好不好？你也别上别处去瞎闯了，就留在我公司里，协助鲍普负责全部技术工作。至于待遇问题，"他伸出三个手指头，得意地晃了晃，"我破格从优，每月三百块。你看行吧？"

说完，劳斯歪起脑袋，瞅着爱迪生，等他回话。只见小伙子一时兴奋，嘴皮儿都动了几下，想说什么没说出来，跟着又连连把头直点，抿着嘴儿笑了。

这时，纽约华尔街上，有家黄金证券公司，专营报导黄金市价和证券行情的业务。它的规模和实力，跟劳斯金价标示公司比起来，又要大一些，雄厚一些。经理勒斐兹，手段毒辣，笑里藏刀，是个得寸进尺、野心勃勃的家伙。他仗着身后有大老板撑腰，根儿粗，底子厚，早想一手遮天，独霸纽约市场，蓄意已非一日。因见劳斯业务上有一套，在社会上信誉卓著，享有相当声望，尽管觉得是眼中钉，一时也无从下手，奈何他不得。

后来，金融界里的人传说，劳斯雇佣了一个名叫爱迪生的青年为技师，专门负责技术改进，打算大刀阔斧地干一场。勒斐兹听到这种说法，只是冷冷一笑。他想：一个乳臭未干的毛小子，能有多大本事，也值得这么大惊小怪！根本没把这事放在心上。又过了一阵子，手下的喽啰正式向他报告说，劳斯金价标示公司那个22岁的青年技师，最近搞了一架新型金价标示机，功效特别出色，成了劳斯公司的一块金字招牌，好多用户眼看就要被拉过去了。这下他才慌了手脚，才觉得这事并不那么简单，不能等闲视之。劳斯有了青年技师的帮助，更如虎添翼，若不早点想办法解决，日后后患无穷，懊悔也来不及了。

这个鹰钩鼻、四方脸的家伙，叼着雪茄烟在办公室里来回踱了几转，便心生一计。他备了一份请帖，郑重其事地把劳斯邀请到一家大酒楼里，白脸红脸，软硬兼施，威胁利诱，双管齐下，迫使对方立即和他达成协议：勒斐兹贴补劳斯一笔损失费，劳斯设立的公司，连人带机器一股脑儿归并给勒斐兹，空口无凭，立契为证。

买卖成交以后，勒斐兹又请劳斯把公司的营业情况，人员配备，大致介绍了一下。最后打听道：

"还有一事请教。听说老兄不久前聘了个年轻技师，那架新型标示机就是他一手搞成的。外间传言，未敢轻信，此人究竟如何？"

听到问起爱迪生，劳斯不觉把大拇指一翘，说：

"此人原先是个出色的报务员，发明过二重发报机，投票记录机，还获得过专利。既懂理论，又善实践，确实是个人才。"

他把爱迪生怎么来到纽约，怎么当场修理金价标示机，怎么建议改进，原原本本对勒斐兹说了，又哈哈笑道：

"真神面前不提假话，把这样的人才双手献给老兄，真所谓忍痛割爱呀。"

勒斐兹把这些话记在心里，回去立刻着手进行合并事宜。常言道，树倒猢狲散，公司换了主儿，下面的班底自不免也要来个大变动。好多职员都被裁掉了，少数留下来的也全降了级，减了薪，唯独爱迪生例外。勒斐兹特地召见他，笑容满面地对他说：

"公司进行这番整顿，称得上兵精粮足，大有可为。今后技术上的事情，还是要请你全面掌握，多多费心。待遇方面，为了不至于过分特殊，让别人说闲话，暂时仍支原薪。不过……"

他凑到爱迪生的耳朵上，分外亲热地说：

"我已经吩咐过财务处，你可以随时支付特别津贴，不受任何限制。"

对新经理这种特殊的关心照顾，爱迪生只是唯唯诺诺，并没什么受宠若惊的表示。这个22岁的青年，虽说走南闯北，经历了许多事儿，见过不少市面，但他的心还是一张洁白的白纸。多少年来，那张白纸上所渲染印刻的，全是些机械图样、实验计划，还有就是电学、化学、物理学等这些有关大自然的奥秘。对于当时人类社会种种钩心斗角，尔虞我诈的事，几乎是一窍不通，从来没研究过。因此，尽管勒斐兹千方百计地利诱拉拢，也拴不住小伙子的心。他一心向往的是实验发明，他坚决要走自己的路。

有一天，他把这个想法，今后的打算，悄悄地对鲍普说了。鲍普听了，咧开大嘴笑着说：

"嘿，怪事儿！也没合谋，也没串通，怎么都想到一起来了？"

原来，他离开公司以后，就跟一个名叫艾希礼的朋友，在琢磨自己办工厂的事。于是，同一的心愿，同一的目标，把三个青年结合到一起了，为共同的事业积极筹备起来。

不久，鲍普爱迪生公司正式成立了，三个志同道合的青年，根据各人的专长分了工：艾希礼本是《电报界》杂志的编辑，能说会写，掌握宣传工作。鲍普精通业务，又在纽约住过很久，人头熟，门路多，担任业务主任。爱迪生则负责工厂，专门从事试验研究，搞创造发明。

创办伊始，最大的困难是经济问题。为了节省开支，尽量把钱用到业务上去，爱迪生只好在鲍普家里搭伙借宿。鲍普家住在伊丽莎白城，工厂设在泽稷市。爱迪生每天早上六时起床，三口两口吃罢早饭，再走0.8千米路赶到火车站，搭7点钟班车去泽稷市。一直在工厂里干到12点过后，才坐下午1点那班火车回伊丽莎白城鲍普家休息，整整一个冬天都是如此。滴水成冰的天气，起五更熬半夜，风里来雪里去，也真够辛苦了。加上那顶破呢帽，那套斜纹布衣服，根本挡不住隆冬的严寒，所以常常冻得感冒伤风。

就在这年冬天，就在这朔风怒号、大雪纷飞的日子里，一架新型金价印刷机在泽稷市的工厂里诞生了。爱迪生站在闪闪发亮的新机器跟前，歪着脑袋看看，伸手轻悠悠地摸摸，那副模样，那副眉眼，完全像个年轻妈妈细细打量刚出世的孩子，心里说不出有多滋润，多美气。

于是，鲍普爱迪生公司便在纽约搞起报导金价的业务来。由于机器精巧，收费低廉，加上鲍普经营有方，艾希礼宣传工作做得好，果真生意兴隆，一片繁荣景象。

谁知这事又惹恼了勒斐兹。他本来一心想把爱迪生留住，没想到小伙子总有自己的思想，说好说歹都不肯干，结果硬是抬腿跑了。他又恨又气又舍不得，心想："这小子真倔，待他这么好，到头来还是一走了之！"想着，把手里大半截雪茄烟使劲往地上一摔，狠狠地说：

"哼！我狼嘴里跑出去的，总不能让狗吃了，看这小子往哪跑！"

他像只饿老鹰，歇在大树上，望着一只从自己爪下挣脱了的小白鸽在高空飞翔，馋得直流口水，吃又吃不到，又怕别的野物飞来把它叼跑了。肚子里那股味儿，好难描写：酸、苦、麻、辣，样样俱全，说不清是懊恼丧气呢，还是着急愤懑？

正急痒难耐间，小伙子发明了金价印刷机，并且敲锣打鼓，大模大样地唱开了对台戏。勒斐兹这一气非同小可，趴在办公桌上，转着两只蓝眼珠子，呼噜呼噜学猫叫。心里说："好小子，初生犊儿不怕虎，黄鼠狼洞前做起鸡窝来啦！"转念一想，又扑哧地笑了笑说：

"也好。送上门的食儿，那我就只好不客气啦。"

他马上派人去找爱迪生商量，要收买他的新机器，岂料那人垂头丧气跑回来说：

"不成，碰了一鼻子灰，人家不肯卖！"

他把四方脸拉得老长，拍着桌子骂道：

"笨蛋，这点事都办不了，给我滚！"

另外挑了个能干的心腹，如此这般教了半天，把价钱也提高了，再去谈判。结果又碰了个不软不硬的钉子，对方说：

"请上复你们经理，敝公司还指望着这架机器过几天好日子哩。"

一而再，再而三，反反复复接连谈了六个月。最后，还是勒斐兹亲自出马，才以1.5万块钱的代价，把金价印刷机弄到手。三个青年朋友三股平摊，每人分了5千元。

5千元，在勒斐兹眼里是微乎其微的，可爱迪生生活到现在，还是头一回有过这么多钱。平日里，只要一领到工资，他总是首先往家里寄。多，就多寄；少，就少寄，从没拉空过。两位老人年岁大了，应该尽量让他们过得好些，如今得了这么一大笔钱，当然更不例外。他高高兴兴地给休伦埠寄了些去。

不久，勒斐兹又坐着四轮马车找上门来了。老家伙这次登门拜访的目的，是要实现他的最后一步计划：把这个具有惊人天才的青年掌握住，拿他当摇钱树，以便在这自由竞争的世界上横行霸道，昂首阔步，永远保持"胜利者"的光荣地位。

原来，爱迪生又发明了几架新的金价标示机，勒斐兹想买这些发明的专利权。此时，爱迪生已经想好了几项其他新发明，也乐得出让这些专利。他明白对方的用意以后，稍微考虑一下就答应了。

谈判进行的差不多了，勒斐兹问爱迪生要多少钱。爱迪生本想要3千元，但是他犹豫了一下，没有说出口。照他来想，发明这些机器，确实花费了不少心血，但是他担心3千元的要价高了，于是谨慎地说：

"请经理先生说个价吧！"

"4万元，你觉得怎么样？"勒斐兹试探地问。

爱迪生听了以后，几乎惊呆了。他兴奋得有点不大相信自己的耳朵，过了好一会才回答说：

"这是公道的价钱。"

勒斐兹心里美滋滋，心想：对方在发明上是把好手，可是讲生意经，毕竟是个初生的犊儿。他马上开了一张4万元的支票，谈判就算成功了。爱迪生拿着支票走出门，心里还半信半疑：真是4万元吗？他连做梦也没有想到过这么多钱，以后搞发明再也不用为经费发愁啦！

爱迪生用这一大笔钱在新泽西州的纽阿克建立了"发明工厂"，他亲自担任电气工程师。另外，也还清了所有欠债。他的发明生涯历尽千辛万苦，从这时开始进入全盛时期。1871年圣诞节，24岁的爱迪生结了婚。据说，结婚那天他因为埋头实验，把举行婚礼的时间都忘记了。几年间，他经常睡在实验室里，很少回家，废寝忘食地工作，先后发明了自动电报机、四重发报机，还同别人合作制成了世界第一台英文打字机。他的自动发报机每分钟能够收发3千字，打字机把字母直接打在纸上，大大提高了收发报速度，比手抄报文方便得多，是电报通讯终端一项比较大的改革。

青年发明家在电讯领域崭露头角，大显身手。1877年，爱迪生觉得兼顾制造很难发挥专长，就把发明工厂的股份出售给别人，在纽约郊区的门罗公园建立了一个研究所。这一步，不但在爱迪生一生的事业中具有不可估量的意义，而且在美国历史上也是一个创举。因为这是美国第一个有组织的工业科学研究机构。爱迪生请了各种专业人才一起工作，其中有不少通晓基础科学的专家。他们在爱迪生的统一领导下，分工合作，集体研究，取得了巨大的成就。这个研究所后来成了美国许多大型工业研究机构的前驱，对美国重视实用科学研究传统的形成产生了重要影响。英国科学家史家梅森在《自然科学史》这本书里，曾经引用亨利·福特（1863—？）的话说，爱迪生明确地结束了理论科学家同实用科学家的区别，是我们今天一想到科学上的发现，就会联想起这些发现在现在或者将来都会被人类应用。他用严密的科学理论指导实验和研究的方法，代替了工业上光凭经验的做法，同时，他又把科学研究引上了实用的道路。

如果说，美国从富兰克林开始才有自己的科学，那么，正式从爱迪生开始，才有了近代科学研究。可以说，富兰克林和爱迪生这两位巨匠，正好代表了美国科学史上的两个时代。

会说话的机器—留声机

　　爱迪生在试验电话的时候，发现电话器里的膜板，随着说话的声音引起相应的震动，便想进一步探讨，这种震动的幅度到底有多大。但因为耳朵有毛病，听觉大打折扣，只得想办法用触觉来代替。他找了根短针，一头竖在膜板上，一头用手指轻轻按着，再对准膜板讲话，手指头便觉得短针在颤动。说话声音高，颤动就快；声音低，颤动就慢，清清楚楚，一点不含糊。

　　接连试了好几回，结果都是如此。他端详着那根短针，突然想到："说话的声音能使短针颤动，那么，反过来，这种颤动反转来也一定能发出原先说话的声音。"想到这里，突然眼前一亮，跟着又联想起：对了，说来说去，还是个声音重发问题。当年当报务员的时候，自己就考虑过，怎么才能把各种各样的声音，用一种灵巧的设备"贮存"起来。什么时候想听了，拿出来一放就成。这个想法一直在心底沉睡了好些年，今天，这根短针的颤动，好似在无边的黑暗里，突然打了个雪亮的闪电，把他震醒了。

天气已经相当热，瓦蓝瓦蓝的天空里，繁星点点，分外晶莹好看。门罗公园实验室内，昏暗的煤气灯下，爱迪生独自在进行刻记短针颤动的实验。一只只飞蛾窜进窗户，往煤气灯上直扑，跟着又拍着翅膀掉下来，落到爱迪生的头上、脸上。屋里蚊子成群结队，嗡嗡嗡地拼命往工作台飞，拼命要给房主人打针。可是这些小东西怎么作恶捣蛋，也扰乱不了爱迪生的心。只见他忽而凝神沉思，忽而站起身踱上几步，忽而又像一架机器突然接上电流轰隆隆开动那样，冲到工作台前埋头干了起来。

他用纸条试了试，结果未能令人满意，再换胶版、白垩来搞，也解决不了问题。他左思右想，七试八试，绞尽脑汁，直到深夜，才想起一样东西或许比较合适。赶忙跑到材料库里，取来一张蜡纸，小心翼翼一试，果然效果挺好，禁不住眉开眼笑。

次日早晨，爱迪生照例第一个来到实验室，在签到簿上划了到，签了名。虽说是实验室的主任，他也跟普通工作人员一样，严格遵守规章制度。不多会儿，克鲁西、白契勒、奥特，还有其他一些人，也陆续来了。大家各就各位，愉快而紧张地开始了一天的工作。

上班不久，爱迪生把克鲁西叫到办公室来，不声不响取出笔记本，撕下一张草图，笑眯眯地递到克鲁西手里。

克鲁西接过一看，草图上画着一架怪里怪气的机器，打量半天也琢磨不出到底是干啥用的，只好问：

"您什么时候要？"

爱迪生合上笔记本，说：

"马上照图样做出来，越快越好！"

口气很着急，还略带着几分掩饰不住的兴奋。

克鲁西不便多问，拿着草图跑到楼下车间里，找来了相应的材料，一边干，一边还是止不住地纳闷儿。这也难怪他，自从当上爱迪生的助手，眼睛看的，手里干的，全是些电气机械零件。可是这个怪玩意，既无磁铁，也没有线圈，根本和电搭不上关系。他的主要组成部分是：一个金属大圆筒，边上刻着螺旋槽纹，加载一根长轴上。长轴一头装着个铁柄，摇动铁柄，大圆筒也会跟着一块转动。另外还有两根金属小管，管的一端，都装有一块中心有钝头针尖的膜板，东西虽然不多，可要一样样数出来，也够麻烦的。再说，就算点名点全了，也还是搞不懂派啥用场，弄不好，还有搅乱脑子的危险！

当下克鲁西抱着个闷葫芦，快马加鞭，把机器赶制出来。又仔仔细细跟图样对了对，觉得一丝不差了，才捧到楼上请爱迪生过目。

爱迪生显然已经等得有点沉不住气了。看见克鲁西捧着新机器一露面，就像见了朝思暮想的宝贝儿似的，急步迎上去，万分小心地接在怀里。也不管分量沉重，抱着它只顾上下打量，左右瞧看，足足有抽支烟的工夫，才轻手轻脚地往桌子上一放。

此时，克鲁西再也熬不住了。他走到设计者身边，问：

"这是什么机器？爱迪生先生。我依样画葫芦，画好了，交了卷，也没弄懂究竟是个啥玩意儿。"

爱迪生抿着嘴笑了笑，说：

"是会讲话的机器，克鲁西。"

他们又经过反复试验，终于成功了！众人都瞪着滴溜圆的大眼睛望着这个怪物，只见随着圆筒的缓缓转动，机器突然开始讲话了。

呆了好半晌，只见克鲁西面部肌肉抽动，使足浑身力气，突然迸出一句话来：

"我的上帝！这玩意儿果真会讲话啊！"

爱迪生转身向他望望，笑着说：

"别感叹啦！"

他伸出右胳膊，搂住克鲁西的左肩膀，伸出左胳膊搂住卡门的右肩膀，说：

"来，一块研究研究。我看还有几个地方，大可改进一下。"不久，"会说话的机器"这个令人振奋的消息，便四处传开了。《科学的美国人》还特地刊载了一篇报道新机器诞生的文章。标题是：

"当代最伟大的发明——会说话的机器！"

这就是留声机的发明过程。

把光明带给了人间

    爱迪生一生有两千多项发明，平均13天就有一项发明，其中最辉煌的两项发明——留声机和电灯，差不多是同时完成的。

    就在爱迪生发明留声机的同时，他对电灯的研究取得了突破。

    当然，爱迪生并不是第一个研究电灯的人。打从开天辟地的时候，大自然已经懂得使用电力照明了。当平静的海洋骤然掀起风暴，巍峨的山巅滚动着阵阵响雷的时候，黑糊糊的空中便点起了一串串儿雪亮的"闪电之灯"。但，人类开始研究电力照明，却是后来的事。19世纪初期，就有人探索用电来照明。在几十年时间里，不少科学家前赴后继，作出了贡献，但是到爱迪生的时候，还没有一种实用的电灯问世。

在研究电灯的先驱者中，首先应该提到的是法拉第的老师戴维。戴维在做电化学实验的时候，曾经发现两根相邻的碳棒中间通过电流，会发出强烈的弧光。他根据这个发现，发明了弧光灯。他用两千只伏打电池做电源，使一盏弧光灯发出的光足够照亮一个大厅。戴维还发现，白金丝通过电流的时候，会白热发光，而且很快就会在空气中烧掉。这一发现，其实后来的人发明了白炽灯。跟戴维同时，有个俄国科学家彼得罗夫（1761—1834）也发明过电弧，时间比戴维早些，不过由于沙俄统治者不重视，彼得罗夫的发现被埋没了。

到19世纪下半叶，随着发电机的问世，电弧灯已经广泛应用在灯塔、剧院和广场的照明上。但是，由于电弧灯耗电惊人，每一盏电弧灯都得配上一台发电机，而且灯光也太刺眼，不适合家庭使用。人们一直用煤气灯、蜡烛或者油灯做家庭照明，黑烟很多，也不明亮。为了寻找一种经济实用的电灯，人们做了大量工作，积累了许多失败的教训和成功的经验。19世纪70年代，发明电灯的条件日趋成熟，不少人都想显一显身手。爱迪生就是在这个时候参加研究的。1869年，他刚到纽约的时候，曾经对着街灯出神，想不到10年以后，他的发明竟使全世界的街灯改变了面貌。

1878年初秋，在留声机研究胜利在握的时候，爱迪生决定研究白炽灯。他首先收集人类照明的各种资料，从上古的油灯、鱼烛，后来的煤气灯，直到当代各种电灯的研究资料，凡是和照明有关的，他都进行研究。他先后摘录的有关笔记，就有4万多页。1873年，俄国有个叫罗德金（1847—1923）的青年工程师，研究出一种白炽灯。他用细炭条做灯丝，装在密闭的玻璃泡里，这大约是世界上最原始的电灯。但是由于解决不了寿命短的致命缺点，他最后破产了。因此，许多人对白炽灯的研究望而却步。几年以后，另一个俄国人雅布洛奇科夫（1847—1894），对电弧灯作了改进，发明一种新颖的"电烛"，很受欢迎。据说巴黎的大街，伦敦的剧场，直到柬埔寨的王宫都曾经闪耀过"电烛"的光亮。不过，从本质上说，"电烛"还是一种电弧灯，只是稍省些电罢了。爱迪生经过反复比较，决定研究白炽灯。他确信白炽灯成本低，耗电省，只要解决了寿命问题，就有成功的希望。

从9月开始，门罗公园里的研究所成了研究电灯的战场。爱迪生是总指挥，由七个经验丰富的人当助手。爱迪生首先遇到的难题，是不知道用哪种材料做的灯丝才能延长灯泡的寿命。最先他试用传统的炭条，但是一通电就断。接着，改用钌、铬等金属丝，通电以后，也不过亮了片刻就烧断了。爱迪生再改用熔点高的白金丝做实验，灯泡的寿命还是不长。

1878年过去了，爱迪生的研究毫无进展。他用极大的毅力和耐心，实验了1600多种材料。各种金属、石墨、木材、稻草、亚麻、马鬃，都成了实验品。爱迪生用的实验方法，基本上属于试探法。凡是能想到的东西，他都找来试验。他那种百折不挠的精神确实叫人钦佩。

一千多种材料都试过了，经费也都花得差不多了，试验还是没有成功。爱迪生一筹莫展。这个时候，不但一般人认为爱迪生成功不了啦，连很多专家也觉得电灯的前途暗淡。英国一些著名的电器专家甚至公开讥讽他的研究"不过是荒唐无稽的梦呓"。原先吹捧他的纽约报刊也急着落井下石，刊登采访记，说"爱迪生研究电灯的宏愿已成泡影"。

但是，爱迪生没有退缩，顽强地伏在这只"蛋"上，执意要把"小鸡"孵出来，要把明亮的电灯研制出来。

爱迪生和助手们经受着严峻的考验。他们关在实验室里夜以继日地干着。实在困了，就在实验室的桌子上躺一躺。爱迪生因为劳累过度，虽然身强力壮，但是两眼常常布满血丝，显得疲惫不堪。

爱迪生在休伦埠车站学电报的时候，麦肯基站长热心教过他电码。爱迪生建立研究所以后，特地请他到所里来工作。这时，麦肯基已经上了年纪，实际上做不了事了，爱迪生聘请他来，不过是为了报答他的情谊，让他挂个闲职养老罢了。麦肯基是苏格兰人，长着红棕色的头发和胡子。有一天，爱迪生正在为灯丝材料冥思苦想，忽然看到麦肯基的红胡子，立即就剪下一撮来。爱迪生怀着极大的兴趣挑选了几根粗胡子，先进行碳化处理，然后装进灯光里做实验。这时，他已经设计出一种新的抽风机，灯泡的真空度有明显的提高。

遗憾的是，实验结果表明，用胡子做灯丝，效果也不理想。麦肯基找到爱迪生，把胸口一拍说：

"再试试我的头发吧！"

爱迪生说，头发和胡子的性质一样，没有采纳。但是，麦肯基的献身精神是感人的，爱迪生深情地望着麦肯基，目光偶然落在他的粗线外套上。青年发明家突然对助手喊起来：

"快！找一卷棉线来。"

麦肯基听了，毫不犹豫地解开外套，从里层撕下一大截粗线，递给爱迪生。助手看见爱迪生接过棉线时候的激动神情，每个人脸上都露出了兴奋的神色。他们知道，每当爱迪生作出重要决定的时候，总是这种表情。

爱迪生先把棉线放在U型密闭坩埚里，再把坩埚放进火炉，用高温处理。等棉线碳化以后，让它冷却，然后用镊子取出来。大家目不转睛地看着他操作。碳化棉线又细又脆，加上爱迪生过于紧张，开始几次都碰断了。到第三天傍晚，他们才成功地把碳棉丝装进了灯泡。这时夜幕已经降临。一个德国籍的玻璃专家按着爱迪生的吩咐，把灯泡里的空气抽到只剩下一个大气压的百万分之一，封上了口。这为爱迪生的成功提供了先决条件。

爱迪生接通电流，他们日夜盼望的情景终于出现在眼前：灯泡发出金色的光亮！爱迪生和助手们无比惊喜，他们忘记了13个月的失败，忘记了连续苦战的疲劳，一直守着这盏电灯。这一天是1879年10月21日，后来就把这一天定为电灯发明日。连续用了45个小时之后，这盏电灯的灯丝才被烧断，这时人类第一盏有实用价值的电灯。

爱迪生没有陶醉，为了进一步提高电灯的寿命，他继续寻找更有效的灯丝材料。又是两个春秋过去了。爱迪生和助手们试验了世界各地6000多种植物的纤维，最后发现日本的竹子比较理想。电灯寿命提高了上千小时。1882年初春，第一批实用的电灯终于问世。

这年秋天，爱迪生在纽约帕尔街创建了发电所，正式向用户供电。最初有两百多家用电灯。人们对新发明都有个接受过程，对电灯也不例外。爱迪生供电所给用户架好电线以后，一夜间都被割断了。因为很多人看见电线纵横在空中，害怕把雷电引下来伤人。其实，电线和打雷完全是两回事，市民产生恐惧，主要是由于缺少有关电的知识。第二天晚上，爱迪生研究所的人员不得不全体出动，沿街巡逻，保护电线。他们还找报馆协助，宣传电灯的好处和安全。为了扩大用户，爱迪生并且宣布，凡是愿意用电灯的人，可以免费试用3个月。

尽管采取了这些措施，用电灯的家庭还是不见增多。这是怎么回事呢？爱迪生带着研究所的人员，挨家挨户征求意见。原来，爱迪生他们采用串联的供电方式，如果一户发生故障，全部用户的电灯就会一齐熄灭，而且各家的电灯不能随便开关，要由发电所统一控制。如果不这样做，让用户自己控制，那么，整个线路就会断开，造成一片黑暗。煤气公司本来就担心电灯会抢煤气灯的生意，更是抓住这些缺点，百般诋毁。再加上习惯势力的影响，一般市民大多保持观望态度。

但是，正像电报、电话的经历一样，凡是造福于人类的新发明，最终一定会得到社会的承认和欢迎。爱迪生后来把串联的供电方式改成了并联的供电方式，解决了试用中的实际问题。他们还研制了主要设备——发电机，研制了稳压器、开关、接线盒、绝缘带和保险丝等一系列配件，保证了电灯的设备能够配套使用。纽约市民渐渐感到了电灯的好处，用户一天天多起来了。几年以后，电灯完全取代了煤气灯。

后来，人们又对电灯作了改进，采用了效能更好的钨丝。直到一百多年以后的今天，人们还用它照明。电灯是19世纪末最著名的一项发明，也是爱迪生对人类最辉煌的贡献。希腊神话中说，普罗米修斯给人类偷来了天火，而爱迪生是把光明带给了人间。

活动电影

爱迪生成了家喻户晓的大发明家。有一回，一个朋友当面称赞他是天才，爱迪生笑了笑说：

"天才，不过是百分之一的灵感加上百分之九十九的汗水！"

了解爱迪生的人都知道，这确实是他的心里话。爱迪生经常一天连续工作20个小时，因此他留下的许多照片，有不少是面带倦容的。他的许多发明都经过了成千上万次失败。他的每项发明都是心血的结晶，都是经过大量艰苦劳动取得的。

凉秋8月，天气格外晴朗。站在门罗公园小山上，阵阵微风从西吹来，吹得人通体舒畅，天上云起云飞，林中虫鸣鸟啼，真是一派新秋好风光。可是那幢实验室，却空荡寂寞，檐前挂满蜘蛛网，已经好久没人出入了。实验室的后面爱迪生的住宅里，也死气沉沉的，静得要命。爱迪生的妻子玛丽躺在床上发着高烧，神智昏迷直说胡话。他们已有三个孩子。三个孩子围在门口，呆呆地愣着。

杜蒂年龄最大，最懂事儿，她边看边想：自从爸爸发明了电灯，在纽约办起中央发电厂，在纽瓦克设立了灯泡制造厂，实验室里的大叔大伯们就统统搬走了。到1881年2月，他们一家人也跟着爸爸搬到纽约，住在第五街上一幢新房子里。说起这幢房子，真是又高又大，上上下下有四层，大大小小的房间，数都数不清。听妈妈说，这房子是爸爸花了老大一笔钱买下来的。一到晚上，每间房间里都点上了电灯，亮堂堂的，大叔大伯们干起活来格外带劲儿。妈妈做针线活，再也不用往灯上凑了。新居样样都好，唯独夏天不及门罗公园凉爽。所以每年一放暑假，妈妈就带着三个孩子来小山上歇夏，一年一趟，准时准刻像排在功课表上一样。扳起指头算算，这回该是第四趟了。

早先一直住在乡下，不觉得乡下好。如今在纽约待久了，难得到门罗公园来一趟，那天、那山、那田野、树林，处处新鲜可爱，怎么看也看不够。每年来歇夏，妈妈总要带他们游山玩水，采摘花草，让孩子夹在书页里，压扁了当书签用，心里别提多高兴了。但今年大不同，刚到几天，就害上了伤寒病。

开始，妈妈说只是受了点凉，吃几次药就会好的，爸爸在纽约工作挺忙，别去告诉他。哪知道病情变化得很快，热度一天比一天高，把她折磨得皮干唇焦，整天昏迷不醒，有气无力地呼喊着爸爸的名字。

爸爸一接到信，马上赶来了，守在妈妈身边寸步不离，还亲自给她做冷敷，换手巾，悄悄摇头叹气。不久，妈妈去世了。

此时，爱迪生越发少说话了，要想看到他的笑脸更是不容易。在孩子眼里，没有妈妈，爸爸真可怜。当初妈妈在世的时候，事事都照顾爸爸，待他无微不至。爸爸在实验室里搞发明，深更半夜走回来，一进门有热面包吃，一拎壶有热咖啡喝。到季节，不用吱声，就有合适的衣裳穿。天一冷，厚呢子大衣早预备好了；天一热，干干净净的衬衫，烫的有棱有角的，一天换一件。可现在，自己管自己不算，还得照顾孩子！

这样的生活，整整把爸爸折磨了一年半。直到1886年2月24日，他才跟米娜妈妈结了婚，才重新有了个温暖的家。巧得很，这个新建立的家又是在"公园"里。当然不是门罗公园了，而是叫勒威林公园。它坐落在纽瓦克西北的西奥伦治，离纽约也不远，坐火车不到一个小时就到了。地方比门罗公园大得多，住房更好了，即宽敞，又漂亮。屋面上耸立着好多三角形尖屋顶，四周有迂回曲折的阳台，窗户上还镶嵌着各式各样的彩色玻璃。太阳一照，花花绿绿的，像天上的彩霞，好看极了。

有一天，白契勒大叔问杜蒂：

"杜蒂，你猜猜看，你爸爸为啥搬到这儿来？"

杜蒂用右手示指按着脸腮，转着眼珠想了想，说：

"因为娶了米娜妈妈呗。"

白契勒大叔笑道：

"你只猜到了一半，而且还不是主要的。"

杜蒂歪起头想了半天，想不出那一半是什么，只好问：

"那一半主要的呢？"

"那一半主要的啊，喏，"白契勒大叔指着0.8千米外一大块空地，"你爸爸要在那盖一所规模特别大的实验室。"

果然，没过几个月，那块空地上就热闹起来了。老远望去，人呀车呀，密密麻麻一大片，那块白光光的空地，整个儿给盖满了。不几天，木料、砖瓦、石头已经堆得老高老高，像一座座小山。现在杜蒂才知道，建筑工程的总指挥，原来就是白契勒大叔，当出爸爸设计这所实验室的时候，也请他当过参谋。

新实验室的工程确实浩大，到1888年年初才全部完工。有人说，它是世界上规模相当大、设备相当全的私人实验室。只见方圆1.2千米的园地上，顶天立地耸起了五幢新楼房。中间一幢最大，长250米，高三层，光是地板就铺了5000多万平方米。里边设有机械厂、摄影部、办公室、绘图室、精工室、幻灯室、气泵室、图书室、电工实验室……好多好多室，杜蒂怎能记清呢。

10月初的一天，爱迪生的助手狄克逊陪着爱迪生走进一间大厅，杜蒂见了也尾随进去。只见狄克逊叔叔笑眯眯地搬把椅子往当中一放，请爸爸坐下。又跑去关上窗户，拉上黑布窗帘，不让外面有一丝光线透进来。杜蒂站在黑影里，弄得丈二和尚摸不着头脑，心里直纳闷：你说怕风吧，窗户一关就行了，还拉上窗帘干吗？再说，什么布不好做窗帘，偏要拣这号乌漆抹黑的……正琢磨着，忽然听背后嚓的一声响，射出一道雪亮的白光，闪过她的头顶，箭也似的往前飞去。再回头看时，远处墙壁上现出了一块四方形的银幕，那么晶莹，那么皎洁，活像夜空中挂着个四四方方的大月亮。

眼睛一眨，"大月亮"里又出现了天空、土地、山谷、树林，出现了实验室的三层大高楼。接着有个人影儿从实验室走出来，越走越近，越近越大，那模样儿越看越眼熟。仔细一瞧，嗬！就是狄克逊大叔。

狄克逊大叔来到前面，摘下帽子一鞠躬，眉开眼笑地说：

"早晨好，爱迪生先生，我很高兴见到您。关于活动电影，我们完全按照您的吩咐做了，不知道对不对头。因此特意放映这么一段，请您检阅指正。"

当天夜里，爱迪生显得特别高兴。吃罢饭，连坐都坐不住，喷着大口大口的浓烟，哼着心爱的歌儿，在屋里转个不停。

"嘿！爸爸碰到的如意事儿，我知道！"杜蒂一边说一遍蹦蹦跳跳跑进来。跑到米娜身边，抬起右腿往沙发上一跪，笑嘻嘻地咬着妈妈的耳朵，把看到的活动电影形容了一番。又用力把手一甩说：

"咳，我说不上来！反正，活灵活现，跟真的一样。"

米娜眼睛里射出欢乐的光芒，连连点头说：

"杜蒂，你看过转盘画吗？"

"看过，是爸爸给我们买的。"

"它是活动电影的老祖宗，活动电影就是打转盘画这条根上来的。"

杜蒂有点想不通，转盘不过是个圆铁筒，筒底上一圈儿贴着几幅画儿，连续性地画着人物、鸟兽奔跑飞翔的动作。玩的人只要把圆铁筒一转，画着的人物鸟兽，看上去就像果真在跑、在飞，怪有趣的。可是跟活动电影一比，它连边也挨不上，怎还说是老祖宗呢？

正在这时，恰巧爱迪生走过来。杜蒂一把拉住他，扬起脸儿问：

"爸爸，你说说，转盘画是不是活动电影的老祖宗？"

她怕米娜妈妈哄她，要爸爸证实一下。叫大女儿突然一问，爱迪生不觉愣着眼睛思索了一阵子。但接着便笑了笑说：

"不错，一个是根儿，一个是梢儿。你问着梢儿了，妈妈当然要从根上谈起啦。"说完，他兴致勃勃地跑去把灯一关，站在黑影里说：

"杜蒂，你注意我手里这支雪茄烟。"

杜蒂顺着声音望去，前面一团漆黑，哪里有什么雪茄烟，连爸爸的影子都看不见，只有一颗小火星儿在半空中悬着。说时迟那时快，只见那小火星儿打起转来，越转越急，终于变成一个又红又亮的大圈圈。忽而滚到这边，忽而滚到那边，真好看！

"瞧见没有？"爱迪生打开电灯走过来，晃动着手里的烟头，对杜蒂说：

"一个小红点，转快了，在人的眼睛里就成了一个大红圈。转盘画和活动电影也是这个道理，一幅幅死的画儿，一张张呆板的照片，加快速度连贯起来一看，就变成活动的了。"

杜蒂又想起一个问题，问道：

"那怎么还会讲话呢？"

爱迪生呵呵笑着说：

"你没看出来？那是旁边一架留声机帮的忙。"

杜蒂朝站在面前的爸爸望望，他那高大的身影儿，叫明亮的电灯斜着一照，映射在对面墙上，真像个顶天立地的巨人。她情不自禁地捧起他一只手，用自己滚烫的嘴唇亲了亲，激动地说：

"爸爸，你真能干！"

米娜插进来问：

"这么说，已经实验成功了？"

她脸上绽出笑容，望着丈夫。爱迪生重新抽出一支雪茄烟，点个火儿抽着，说：

"没有。光线暗弱，造像模糊，还得大大改进才成。"

他又抬起头，望着那盏通亮的电灯，自言自语说：

"不管怎么样，比起这调皮的小灯泡来，总算顺利得多了。"

可不是，他着手研究活动电影，还是新实验室成立以后的事，到现在，总共不到两年时间。连思想上的萌芽也在1887年。那天，他给孩子们买了个转盘画筒，觉得挺有意思，拿在手里玩弄着。画筒七转八转，他脑子也跟着转，想：我已经为人们的耳朵发明了留声机，是不是也可以为这对心灵之窗贡献点什么呢？于是又在心里作出决定：要制造这样一种机械，他可以为眼睛做出像留声机为耳朵所做的事情，而且还要两下结合并用，把声音和形象同时再现出来。为了这个目的，等新实验室一成立，他就特地布置了一间"第五实验室"进行这项工作，并且指定助手狄克逊专门负责。

狄克逊按照他的指示，很快制成了一架供研究用的机械，爱迪生管它叫"留影机"。它跟1877年的留声机大致相同，用手转动的大圆筒上包着一层照相底片，装膜板和针头的地方换上了一个摄影镜头。试用的时候，先把镜头对准被摄的人或物，再转动曲柄，照相底片上便拍下了连续不断的景象。但由于用手摇动有快有慢，速度很不一致，加上底片质量又差，所以拍制的影片根本不能让人满意。

针对这些缺点，爱迪生一面与底片制造商商量，请他们加工赛璐珞胶片；一面另起炉灶重新钻研，制成了一种跟留影机完全不同的软片连续摄影机。不料加工出来的赛璐珞胶片，底质又厚又硬，卷不成卷儿。他只好在胶片边缘上剪出一些锯齿，用旋转的齿轮推动它，以严格控制拍摄速度。锯齿形胶片试验的结果，速度快慢、造像显影都还不算坏，只是底片太厚太硬，不大肯听使唤。

1890年5月30日，爱迪生买到了一架新型柯达照相机，性能良好，很中他的心意。正在高兴，底片制造厂又给他送来了一种透明赛璐珞胶卷，质地薄软，正合需要。真是双喜临门！他一手拿着柯达照相机，一手拿着透明赛璐珞胶卷，满脸是笑地喊：

"狄克逊！来看呀，咱们的问题解决了！"

照爱迪生最初的想法，是要把影片放映到幕布上，再配上留声机，声光并美地供人们欣赏。他还预言说：

"总有一天，我们可以把书本上的知识，拍成各种影片，教育年轻的一代。"

结果，由于放映出的影像十分模糊，才改变办法，制成直接观看的无声电影视镜。

　　现在，问题摆的很明白：这种机器显示的影像虽然清晰明亮，但毕竟太小，而且只供一人观看，满足不了人们的普遍需要。因此，他决定回过头来，重新研究影片放映。终于在业余摄影家阿尔玛特的帮助下，于1896年制成了一架"维太放映机"，把与真人同样大小的影像，生动逼真地搬上了银幕。

　　其实，跟钻研影片摄影一样，要把电影搬上银幕的，绝不止爱迪生一人。法、俄、英、德、美国许多科学家，也都在做这方面的试验。就在维太放映机这朵鲜花含苞待放的当儿，电影放映园地上像是吹过一阵春风，顷刻春色满园，百花竞放，出现了万紫千红、群芳斗艳的局面。大家相互取长补短，为共同的目标进行着不懈的努力。

"短命鬼"变成了老寿星

20世纪第一个春天，脚步很快，1899年冬暮的漫天大雪还没来得及收场，它已经驾着东风，朝气蓬勃地闯进来了。

当时电力来源主要是靠两方面：一是发电机。它可源源不断地发出电来，可惜身大体重，无法携带。一是蓄电池。比起发电机来，它小巧玲珑，甚为轻便，但偏偏是个"短命鬼"，没用多久便呜呼哀哉。人们为此事伤透了脑筋，因为好多地方非用蓄电池不可。比如电货车、电曳引机，整体比发电机还小，只好用短命鬼——蓄电池来推动。

不光电货车这样的小运输工具不能装发电机，就是当时火车和潜水艇上所有的电力，也都靠短命鬼供给。这样一来，问题就多了。"短命鬼"非但寿命不长，而且体质单薄，格外娇弱。车轮微微一震动，海浪轻轻一波动，它便上气不接下气，断了气。闹得车上船上不得安宁。

人们遇到这种困难，当然逃不出爱迪生敏锐的眼睛。当1900年的春天冲风冒雪来到人间的时候，蓄电池的幽灵儿，似乎整天跟着他，形影不离。

这天晚上，他回家来吃饭，拿着汤勺在汤盆里搅来搅去，就是不往嘴里送。米娜早摸透了丈夫的脾气，看他两天来失魂落魄的神气，心中就明白了，本想开口问问，一时没有机会，现在见他瞧着汤碗光动手不动嘴，便忍不住问道：

"你怎么啦？又叫什么给迷上了吧？"

爱迪生把手一抬，板着脸儿说：

"短命鬼！"

"短命鬼？"从结婚到现在，米娜第一次听丈夫说这样的骂人话。

妻子大为震惊的语气和态度，是爱迪生从沉思中清醒过来。他笑着解释道：

"'短命鬼'就是蓄电池，蓄电池又叫短命鬼。"

米娜拿眼珠朝丈夫一斜，撅起嘴儿说：

"你看，叫人吓一跳，我还当你和谁怄气了呢！"

爱迪生拿片面包吃着，说：

"有人是在怄气，怄铅和硫酸的气。"又喝了口汤说：

"实际上，这气怄得可大了。凡是用蓄电池的地方，都不难见到吹胡子瞪眼的人。"

米娜笑着问：

"为什么要怄这么大的气呢？"

爱迪生告诉她说：如今的蓄电池，都是铅和硫酸制成的，所以叫铅—硫酸电池，或者简称为蓄电池。在这种电池里，铅和硫酸碰到一块儿，就会发生一种化学变化，而在变化过程中，便产生了电流。可是硫酸的腐蚀性非常强，铅实在承受不了，跟它相处不久，弄得皮烂骨头酥，完全变了质。一变质，原先那种正常的、可以产生电流的化学变化，当然无法进行。因此，只好低声下气，被人家指着鼻子骂"短命鬼"，也不敢哼一哼。

米娜听得笑起来：

"有意思。照你这么说，铅蓄电池还怪可怜的呢。"

爱迪生也笑道：

"得了这种短命病，是怪可怜的，但给人添的麻烦也太多了。"

"你打算怎样给它治呢？"米娜问。

"病根在肚子里。我打算给它开开刀，另换一副肚肠。"

米娜想了想，又问：

"不是说，做蓄电池非用铅不可吗？"

"有这种说法，不过……"

"不可能的事是没有的，对不对？"米娜接过话头说，

"你呀，这大把年纪了，还是横冲直撞，什么也不信！"

一句话，把爱迪生说笑了。

第二天，朝雾刚刚散开，太阳从东面山上显出半个浑黄的圆球，爱迪生就从家里出来，冒着清晨浓重的寒气，小跑着奔了0.25千米的路，第一个在实验室门口签了到。又急急忙忙走进自己的办公室，脱下大衣，换上工作服，准备开始新的试验。

根据人们的需要，他决定试制一种新型蓄电池。这种电池必须轻巧灵便、经久耐用，在一般情况下，无论遭到什么撞击震颤，也不会出毛病。这些天分析研究的结果表明，铅蓄电池的病根是在酸性溶液——硫酸上。因此，他对症下药，打算用一种碱性溶液代替硫酸，而找一种能和碱性溶液发生一定化学作用的物质代替铅。

从表面上看，问题似乎挺简单。只要决定用哪种碱性溶液，再找样能跟它起化学变化，从而可以产生电流的物质就行了。但事实上，爱迪生动员了许多人力，试用了几十种化学元素，做过上万次实验，结果确是一大串的"不成！不成！不成！"。

面对这种情况，有些工作人员不免信心动摇，开始怀疑起来。他们私下里议论说：

"这上万次的失败，更证明别人的说法没有错：要制造蓄电池，不用铅是不可能的。"

这话传到爱迪生耳朵里，他只是淡淡一笑，说：

"我不信大自然会这样吝啬，会把制造好电池的秘密扣留住。只要我们埋头挖掘，百折不挠，迟早总能发现的。"

他决心加倍努力，继续钻研下去。他把跟他一起搞电池实验的工作人员，分成日夜两班，轮流干活儿，轮流休息。自己呢，还是老习惯，一天到晚，通宵达旦，坚持在工作岗位上。实在困倦得不行了，就靠在椅背上打个盹儿，原地休息一下，接着又精神抖擞地接着干。每天午夜时分，发电厂的机器由于摩擦生热，也要换班，总要停几分钟电。于是他就看上了这个好机会，电灯一熄掉，立刻闭起眼睛，抱着胳膊往桌上一趴，抓紧时间"睡"上一觉。等到恢复供电，灯泡重新放光时，他又会突然醒来，兴冲冲地喊：

"舒舒服服休息过了，赶快加油干呀！"

有些实验是在喇叭口玻璃杯里进行的，每回用400只，每只都装着不同的实验材料。有一次，400只玻璃杯差不多全给弄碎了，流的满桌满地都是碱性溶液。一个助手愁眉苦脸地对主人看看，喂嚅着问：

"爱迪生先生，下一步该怎么办呢？"

爱迪生望着一大堆碎玻璃碴儿，抿着嘴笑了笑，说：

"依我看呀，咱们下一步工作，应该是马上想办法，再弄它400只结实点的玻璃杯来。"

有一天，爱迪生的朋友跑来看他。因为是熟客，门房老传达笑着对他说：

"爱迪生先生吩咐过，在蓄电池试验期间，一般客人能挡驾就挡驾，实在非见不可，也请秘书先生接待。今天您老来了，这条规定当然用不上啦。"

又悄声叮嘱说：

"您见了爱迪生先生，最好还是劝劝他。快六十的人了，可不能跟年轻力壮的时候比。成天成夜闷干，一股劲儿干了两年多。您说，叫几根老骨头怎么撑得住哪！"

等客人点头答应了，老传达才放他上去。那位朋友熟门熟路，自己来到楼上化学实验室。一进门，只见爱迪生挺着胸脯，在一只大长桌前踱方步，显得蛮有精神。要是不知道底细，谁又看得出，眼前这个神采奕奕的老头儿，已经夜以继日接连苦战两年多了！心里不由暗暗敬佩道："这个人真是铁打的身子，钢铸的意志，再苦再困难，也休想挡住他！"想着迈开大步走上去，打声招呼说：

"你好啊，老朋友。多日不见，试验很顺利吧？"

听见喊声，爱迪生扭转身，急步迎上来，热情地说：

"多日不见，欢迎欢迎！"又指指那张大长桌子，笑道：

"你看，我在摆电池摊儿。遗憾的是没一个管用的，所以直到如今还没过关呢。"

大长桌上摆满了试验小电池，估计总有四五百，模样儿玲珑小巧，挺逗人爱。拿在手里沉甸甸的，分量倒也不算太轻。仔细瞧瞧，原来都是用厚钢皮做的。那位客人好奇地掂掂这个，摸摸那个，欣赏半天才问：

"怎么样，奋战两年多，有什么收获给老朋友谈谈。"

主人笑答道：

"收获吗？有，而且很多。我已经知道有好几千种物质，是不能用来做蓄电池的。"

"好几千种？"客人似乎不大相信，"到目前为止，你总共做过多少次试验？"

主人翘起右手的四根手指头比了比：

"已经突破4万大关。可是跟实际要求，还有相当距离。"

听见这个数目，客人不觉倒吸一口凉气，瞪着眼睛待了一会儿，又问：

"预备怎样越过这段距离呢？"

"没有别的道儿，"主人不假思索地说，"常言道，不怕慢，只怕站。只要一步步往前走，总有一天会过去的。"

这话沉重而有分量，很耐人寻味。那位朋友正思索间，外面走廊上响起一阵轻快的皮鞋声。接着，门开了，米娜站在门口，手里拎着一只大篮子。

女主人满脸是笑，十分亲热地跟客人打了招呼，说：

"稀客，稀客，好久不见了。"

客人刚要启口回话，女主人突然又大声叫起来：

"哎呀，你怎么搞的！一顿饭吃了两个小时还没吃完？"

女主人突然这么一嚷，把客人弄得莫名其妙，不知所云。忙回头看时，见男主人不知什么时候坐到了窗前一只小桌旁边，正在大口大口地啃着面包呢。

米娜一阵风似的跑过去，先看菜盘，菜盘满满的，始终没动过；用手摸摸没有一点热气儿，再瞧汤盆，也跟原先一般多，汤面上那层油花儿，遇冷凝聚，已经结成一张白花花的薄皮。不由得虎起脸儿，瞪起眼，劈手抢下丈夫嘴上的面包，气呼呼地说：

"热的不吃，吃冷的！说了千遍万遍，只当耳旁风，不闹病不好过还是怎么的？"

男主人像个惹下祸事的孩子，偷眼看了看她，又扭头向客人望了望，随后把肩膀一耸，扮了个鬼脸。

米娜发现客人在看她，脸上蓦地泛起红晕，说：

"你不知道，这种人就得管着点，由不得他。开始叫佣人送饭，总是不好好吃，后来我自己送，要他当面给我吃下去。刚才有事出去一趟，一不留神，又是老样子。"

她快手快脚把菜、汤、面包放进大篮子，拎在手里，笑着对客人说：

"你请坐会儿，我拿去热热就来。晚上请到舍间便饭，一定要他陪客！"

她找丈夫努努嘴，踏着轻巧的步子走了出去。

太阳早已偏西。爱迪生站在窗前，披着一片亮晃晃的阳光，浑身上下像蕴藏着无穷的热力。那位朋友不觉自言自语地说：

"真是铁打的身子，钢铸的意志，多么顽强啊！"

1904年年初，爱迪生终于突破重重困难，用烧碱（氢氧化钠）溶液代替硫酸，用镍和铁代替铅，制成了一种新型镍铁碱电池。因为烧碱溶液对镍和铁没有侵蚀作用，所以完全克服了铅蓄电池那种"短命鬼"的缺点。

试验成功那天，跟他一起工作的几个助手，首先享受到这份苦战获得胜利时所特有的快乐。开始，他们只是相互呆望着，眼睛里亮晶晶的，谁也不吱声，这是沸腾奔流的岩浆，从地下涌到火山口前的一刹那表面沉寂。紧接着，天崩地裂一声喊，异口同声发出欢呼，那么有力，那么激烈，真好似火山突然爆发一般。欢呼声中，许多人立时跳出来，成对成双地拥抱着，狂热地跳着。只听见无数双脚咚咚咚跺着地板，跺得整幢大楼都在微微发颤。

被"短命鬼"伤透脑筋的人们，听到这个好消息，真像久旱逢甘霖，谁不想立刻用上这种日夜渴望的新电池？那些无孔不钻的商人，看到人心所向，哪个不想借此机会赚笔钱？顷刻之间，批发商、零售商，还有很多厂矿企业的代表，争先恐后地来到银湖边上，抢购新产品。把一片平静如镜的银湖，搅得乌七八糟，翻腾起滚滚浊浪。

直到今天，人们还在使用这种蓄电池。为了纪念它的劳苦功高的发明人，大家便称之为爱迪生蓄电池。

炉火熊熊

爱迪生的头发越来越白了，简直像盖了一头皑皑的霜雪。可他仍然照常工作，精力旺盛得如同一炉火，熊熊地燃烧着。

1918年，他71岁生日那天，大家都来向这位可敬的老人祝寿。其中有位30年没见面的朋友，紧握着他的手，从头到脚，把他打量了好久，不胜感慨地说：

"岁月不饶人呀，你也老多啦。"

"老了吗？"老寿星笑着反问道，"不见得吧，请看！"他手一伸，腰一弯，挺着膝盖关节，把右手按在左脚尖上。再勾起右脚，晃动右胳膊，轻轻一使劲，用金鸡独立的架势，在原地转了个圈儿。看得满屋子客人，不住地鼓掌喝彩。

到75岁上，他还是照样去实验室签到上班，有个新闻记者试探着问：

"爱迪生先生，您准备什么时候告老退休呀？"

115

他装出一副为难的样子，非常风趣地说：

"糟糕，这个问题可把我难住了，活到现在，还从来没有考虑过呢。"

新闻记者听了，嗤嗤地笑：

"您还是要多多保重，大伙对您的身体非常关心。"

"谢谢诸位的好意，请代为转告：直到如今，我还是个一天干两班的工人。身体嘛，蛮不错。"

说着，爱迪生照准自己的胸膛捶了几拳，捶得咚咚响。

有一回，别人问他每年有多少收入，他直率地答道：

"抱歉的很，我自己确实不知道，否则一定告诉你。不瞒你说，在经济方面我是个门外汉，平时也不大注意。我总觉得，钱跟我没什么缘分，今天来了，明天走了，因为我喜欢搞试验，而这些试验是很费钱的。"

1924年5月，美国投票选举国内最伟大的人。爱迪生得票最多，光荣当选。美利坚合众国授给他一枚特级国会荣誉勋章，这是国家最高奖赏。这时爱迪生已经77岁，还是照样"一天两班"，从来没有想到要退休。他的座右铭是：

我探求人类需要什么，然后我就迈步向前，努力去把它发明出来。

爱迪生一生的发明，获得专利的有1300多项。有人统计，实际上有2000多项。单是1882年一年，他申请的专利就有141项。爱迪生最重要的发明是电灯和留声机。其他比较著名的还有：二重和四重电报机、电影、电车、蓄电池、打字机、水泥、橡皮等等。在第一次世界大战期间，他担任美国海军顾问，先后发明了水雷探测器、水底巡灯、战舰稳定器、吸声器等39种器械。

1929年10月21日，爱迪生发明白炽灯50周年纪念日来到了。人们为此举行了隆重盛大的庆祝会。全世界的科学家，有的打电报，有的亲自赶来向他祝贺。亲自赶来的有镭的发现者法国居里夫人，打电报的有相对论的创始人德国爱因斯坦教授。大会会场外面，车水马龙，川流不息，人们蜂拥而至瞻仰发明家的风采，围得水泄不通。大会会场上，张灯结彩，乐队吹吹打打，热闹非常。当大会主席致完开会词，司仪高声宣布"爱迪生先生致答词"的时候，全场登时响起了经久不息的暴风雨般的掌声。82岁的爱迪生，显得热别兴奋，讲话时嗓门提得很高，感情非常激动，讲到最后，几乎哑不成声了。他说：

"……谢谢诸位，谢谢诸位。如果我曾经或多或少地激励了一些人的努力，我们的工作曾经或多或少地扩展了人类的理解范围，因而给这个世界增添了一份欢乐，那我也就感到满足了。"

这位农民家庭出身的发明家享年84岁。从他16岁的第一项发明——自动定时发报机算起，平均每12天半就有一项发明。要是光算1882年，平均不到3天就有1项发明。当然，这些发明创造大多是研究所的成果，是集体智慧的结晶。因为无论怎样，一个人要在一年中，每3天就搞出1项发明来，再能干也是不可能的。但作为爱迪生研究所的主将，作为这个伟大发明王国的总指挥，他的贡献是举世无双的。称他是"世界发明大王"，实在当之无愧！

几年后，爱迪生一病不起，老人的生命就像风前残烛，随时都有熄灭的危险。他微微睁开眼，挣扎着向外探望，想再看看这可爱的世界。阳光下，青的是山，绿的是水，分外妖娆。几头奶牛奋拉着花白的大肚子，脑袋一摆一摆，在啃青草。那些草长得真好，绿油油的，风一吹，恰如掀起一层层碧绿的波涛。

"那边真是美极了！"临终的老人喃喃地说。

他恍惚觉得，他那生命的小船，就在这片绿色海洋上缓缓漂流。尽管视觉模糊看不大清，可是多少往事，多少痛苦与欢乐，失败与成功，却依然历历在目。

光阴似箭啊！84年的时间一晃就过去了。在这短促的84年里，他驾着这只生命的小船，划动精力充沛的桨，冲破万层波涛，破浪前进。往事如同他发明的活动电影，一幕幕地在他眼前闪耀而过。他看到了许多熟悉的面孔、城市、乡村；重温了过去的生活：流浪、饥饿、友谊、通宵达旦的工作、试验成功时的快乐……

1931年10月18日，爱迪生与世长辞了。当时，美国人提议全国停电3分钟为他默哀。但是，人们很快就认识到这是不成的，因为哪怕停电几秒钟，也会造成社会和生产的巨大混乱。这不正好说明爱迪生一生的贡献是多么伟大吗！

世界五千年科技故事丛书